逃避眞愛
跨越自我解離的心牆

Ending Our Escape from Love
From Dissociation to Acceptance
of A Course in Miracles

肯尼斯‧霍布尼克博士（Kenneth Wapnick, Ph. D.）◎著

若 水◎譯

《奇蹟課程》國際通用章節代碼

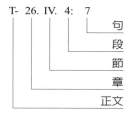

```
T- 26. IV. 4:  7
               └─ 句
            └──── 段
         └─────── 節
      └────────── 章
   └───────────── 正文
```

```
W- PⅡ. 240. 1:  5
                 └─ 句
              └──── 段
           └─────── 課
        └────────── (有時省略) 部
     └───────────── 學員練習手冊
```

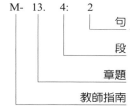

```
M- 13.  4:  2
            └─ 句
         └──── 段
      └─────── 章題
   └────────── 教師指南
```

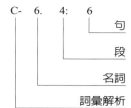

```
C- 6.  4:  6
           └─ 句
        └──── 段
     └─────── 名詞
  └────────── 詞彙解析
```

T → 正文

W → 學員練習手冊

M → 教師指南

C → 詞彙解析

P → 心理治療——目的、過程與行業

S → 頌禱——祈禱、寬恕與療癒

目　次

寫在「肯恩實修系列」之前

若水

（一）

《奇蹟課程》的筆錄者海倫與此書的愛恨情結，已是眾所周知的事。因她深曉這套訊息的終極要旨，也明白自己一旦接納了這一思想體系，她的小我，連帶積怨已深的怒氣，就再也沒有存活的餘地了。因此《奇蹟課程》出現一個很怪異的現象，它的筆錄者千方百計想與它劃清界線，直到肯恩（肯尼斯）的出現，才把海倫又拉回《奇蹟課程》的身邊。

肯恩是海倫與比爾的密友，由於互動頻繁，比爾乾脆在辦公室為肯恩添置一張辦公桌，可見他們交往之密。

肯恩一接觸《奇蹟課程》，如獲至寶，他反覆地研讀，凡遇不明處，必一一請教海倫。他深覺這份龐大的資料，有重新編校的必要，因它不僅夾雜著私人的

對話，許多章節標題與內文也不相符，全書的體例和格式，如標點、大小寫、段落等等，乃至於專門術語的用詞，每每前後不一。比爾與海倫也深有此感，只是比爾生性不喜校訂工作的繁瑣，這工程便落在海倫與肯恩身上。主事者自然是海倫，即使是大小寫的選擇，或詞句的還原（海倫筆錄的初期曾故意改掉她不喜歡的詞彙，但她也很清楚自己擅自改動的部分），都有待海倫與「那聲音」確認後才能定案。

（二）

比爾曾說，海倫筆錄時的心態有顯著的「解離症狀」（dissociation），她內心的「正念」部分十分清楚「那聲音」所傳授的訊息，筆錄內容才會如此純正，不夾雜個人的好惡傾向（當然，除了她早期的抵制手法以外），但她的「妄念」部分也堅守防線，且以各種奇怪的方式，不允許自己學習這套《課程》。肯恩在海倫的傳記中提到當時的有趣情景：

> 我們常常寫在她家客廳的沙發上進行校訂，海倫總有辦法陷入昏睡，每當討論到一半時，我

向左邊一瞧，海倫已經倒在沙發的另一角了，她一向警覺的大眼睛閉得緊緊的。在她陷入昏睡前，她還會哈欠連連，下頜骨開開合合，頻繁到讓她說不出話來。又有好幾次校訂時，她開始咳嗽，咳得又兇又急，喉嚨好似有什麼異物，想吐卻吐不出來。碰到這類情形，海倫就會放聲大笑，笑得眼淚都流出來，她很清楚這是小我的抗拒。我們就在哭哭笑笑、咳嗽哈欠的交響樂中繼續修訂的工作。（暫別永福/暫譯 P.361）

海倫的心靈，在某一層次，當然了解那聲音所傳的訊息，但她的小我真的不想知道。她偶爾會這樣向肯恩要賴：

在校訂過程中，每隔一陣子，海倫就會故意裝傻。當我們唸完一段比較艱深的文句後，海倫就會大笑，聲稱她完全不懂這一段話究竟在講什麼。我只好一句一句地解釋，我突然發覺自己落入一種相當荒謬的處境：我竟然在向一位心裡其實比任何人都清楚這部《課程》的

人解釋此書的深意。**而我講解《奇蹟課程》的生涯，可說是從這一刻開始的。**（暫別永福 P.361）

自這一刻起，肯恩開始了他講授《奇蹟課程》的生涯，四十年如一日，同一形式，同一內涵，同一個小小基金會，從無擴張之圖，更無意行腳天下，他只是默默地履行他對耶穌的許諾。

由於早期的奇蹟學員多數都有自己的專業或信仰，他們往往習慣把《奇蹟課程》融入個人本有的思想體系。唯有肯恩，毫不妥協地堅守《奇蹟課程》最純淨且究竟的理念，修正當時所流行的各種詮釋；於此，他實有不得已的苦衷。因為海倫當年認為，這套思想體系如此究竟又絕對，可說是推翻了一切人間幻相，根本不適合大眾閱讀；在她心目中，此書只是給他們五六個人的。沒想到，此書一到了裘麗（Judy Whitson）手中，就如野火一般，瞬即燃燒出去。海倫曾跟裘麗說：**「這部書將來會被傳誦、解說成令你簡直辨認不出這是《奇蹟課程》的地步。」**為此，那批元老曾想成立「死硬派核心團體」（hard core group），忠實傳達《奇蹟

課程》的核心理念，絕不為了迎合大眾的需求而將它摻水、軟化，任它淪為人人都能接受的「方便法門」。然而，海倫本人從心底害怕這套思想體系，比爾當時又有個人的難言之隱，兩人都拒絕扮演奇蹟教師或專家的角色；最後，肩起這一重任的，唯獨肯恩。

（三）

肯恩的教學特色就是「用《奇蹟課程》的話來詮釋《奇蹟課程》」。他最多只會引用自己喜愛的佛洛依德、尼采、貝多芬作為開講的楔子，一進入理念的層次，就全部引用原書作為實證。不論學員問哪一層次的問題，他只有一個答覆，就是「**讓我們看看《奇蹟課程》是怎麼說的**」，基於他博聞強記的能力，他會隨口告訴你，「請翻看第幾頁第幾段」。

肯恩從小就有口吃的毛病，然而他絲毫不受語言的障礙，謙和而誠懇地從三十多歲的青年講到如今的白髮蒼蒼，終於折服了各據山頭的奇蹟群雄，成為眾所公認的奇蹟泰斗。

綜觀肯恩的學說，四十年來反覆闡述的，其實只有

這一套理念：

——問題不在外面！金錢不是問題，性慾也不是問題，你的親子關係或親密關係更不是問題，因為你眼中的世界根本就不是真的，只是你編織的夢境而已。

——過去的創傷不是問題，未來的憂懼也不是問題，因為時間根本就不存在，那是小我向你心靈撒下的瞞天過海的大網。

——你若一味向外尋求答案，或把問題推到過去未來，你便徹底錯失了此生的目的。但請記住，這不是罪，你只是「懂錯了」，你最多只會為它多受一些無謂之苦而已。

肯恩的解決之道也說不上是什麼「妙」法，他只是藉由不同事例而重申《奇蹟課程》：「觀看、等待、不評判」的原則。

——只要我們不再害怕面對自己內在的兇手（小我），以耶穌的慈愛眼光諒解小我「不得已」的苦衷，便不難看清它的防衛措施下面所隱藏的真相。於是，作繭自縛、自虐自苦的傾向自然鬆解，我們便有了「重新

選擇」的餘地。

──然而，很少人眞有勇氣面對自己隱藏在無辜面容背後的兇手，這是人們最難跨越的心障。

肯恩花了整整四十年的光陰，就是教我們如何去「看」而已。這一道理雖然不難明白，但人心豈肯僅僅「觀看、等待、不評判」！這一解決方案可說是把小我逼入了絕路，它是寧受百千萬劫之苦也無法接受這種「出路」的。爲此，肯恩繼續苦口婆心地講下去，直到有一天，我們豁然領悟，《奇蹟課程》的奇蹟原來是在「寧靜無作」中生出的。

（四）

正因肯恩學說毫不妥協的精神與一成不變的形式，過去這些年，奇蹟資訊中心也不敢貿然出版他的書。於是，我先嘗試以研習的方式，把他的思想架構圖介紹給學員，再逐步出版一些導讀與傳奇故事，爲肯恩的書籍鋪路。在這同時，我也展開培訓奇蹟譯者的計畫，從肯恩的簡短問答下手，讓資深學員熟悉他的邏輯理念與風格，「奇蹟課程中文網站」的內涵也因此而更加充實齊

備。經過多年的準備，奇蹟讀者終於食髓知味，期待讀到肯恩書籍的呼聲也愈來愈高了。

而，我們也準備好了。

肯恩將他所有書籍的中文版權都託付給我與奇蹟資訊中心，我們也兢兢業業地肩起他的託付，我逐步邀請學養兼備的奇蹟學員與我攜手合作，藉由翻譯的機會（形式），學習寬恕（內涵），在相互修正的微妙互動中，化解小我視為命根子的特殊性。我們只有一個「共通的理想」，就是把原本只是演講的記錄，提升為精確又流暢的中文作品。而我敢驕傲地說，我們做到了，譯文的文字水平甚至超過了原書。

我常說，當學生準備好時，老師便出現了。在此感謝所有華文譯者與讀者，是你們多年來在自己心靈上的耕耘，促成了這套「肯恩實修系列」的問世因緣，使奇蹟理念得以以它最純粹、最直接，也最具體的形式呈現在我們的眼前。

（若水誌於星塵軒 2012.5）

譯者感言

當我在決心接手翻譯《逃避真愛》之前，正好面臨教學的瓶頸。我發覺資深學員愈來愈懂得分析小我，誠實且勇敢地承認內心的恐懼或內疚；描述起小我的防衛模式時更是如數家珍。但每當我不識趣地切入「重新選擇」的主題時，先前的滔滔不絕突然變得支吾其詞，好似聽不懂我在說什麼。

我常會提出自己的經歷或朋友的案例，具體地示範解說：從「聆聽小我，與恐懼認同」，轉到「聆聽聖靈，接受愛的力量」，其實並沒有我們想像的那麼複雜。既然前一個選擇讓自己吃盡了苦頭，那麼，放下那一選擇不就成了？把內心的恐懼交託給聖靈，在祂的愛中療癒，不正是我們由衷渴望的嗎？怎麼會聽不懂呢？

莫非我們並不真想接受聖靈的愛？以至於這一單純的轉折，可以往往返返，幾經討論，仍然轉不過來，還

會搬出許多奇蹟理念顯示目前的選擇乃是理所當然的，最後只能「三十六計，祝福爲上策」。

可想而知，當我重讀《逃避眞愛》時，經常情不自禁地拍案叫絕。因它一針見血地指出，綑綁我們修行腳步的，不是世界的黑暗，也非人間的牽絆，而是自己在心內打造出來的那一道牆。

只因我們深怕眞愛會消融了自己的特殊性，故把心靈最深的渴望隱藏到心牆之後，與之「解離」，在人間展開一場虛虛實實又自相矛盾的追尋。一邊痛恨小我的束縛，一邊忙著爲小我說項；以至於左腦不知右腦在想什麼，左手不知右手在做什麼；內心有一部分奮力向前，另一部分則寧可原地觀望。藉著裝傻、扭曲、辯駁，把回歸眞愛的單純選擇渲染成複雜又艱深的學問。

此刻，《逃避眞愛》適時地提醒我們，好好正視這種矛盾而分裂的解離心態。它溫柔地解除了人心無需有的恐懼，讓我們明白「心牆」的不必要，陪伴我們無咎無懼地跨越過去。

* * * * * * * * *

《逃避眞愛》的中文譯本得以順利問世，首先感謝阮靖茹、林妍蓁協助審閱，李泰運代爲輸入文稿，還有李安生與黃眞眞伉儷的專業校閱，使本書能夠忠實傳達原書的精神與內涵。

我也在此代表奇蹟資訊中心，向奇蹟課程繁體網及簡體網的讀者致謝，因著讀者的慷慨資助，中心方能繼續出版肯恩的小眾書籍。

（若水誌於星塵軒 2015年5月）

序　言

　　本書屬於「奇蹟課程實修系列」〔譯註〕，係根據〈逃避眞愛——與奇蹟課程解離的心態〉之錄音編寫而成，其中收錄了2004年「無辜的面容」之演講內容。針對「解離」這個主題，我又特意增編了2004年另外兩篇從未出版的課程內容「寬恕——解離的終結」，以及「奇蹟課程是救恩還是奴役？」，俾便學員進一步掌握「解離」以及「終結解離」的意涵。

　　這些年來，我的演講不斷提到我們對《奇蹟課程》的抵制心態，在本書中，這一主題串聯了各個章節的主軸鋪述而成。它一針見血地點出奇蹟學員面臨的最大挑戰——不少熱忱的奇蹟學員常因內心的抗拒半途而廢，或在操練「放下判斷、活出寬恕」的過程中，陷入種種難以突破的窘境。可以說，在學習寬恕的過程中，因這

〔譯註〕奇蹟資訊中心陸續出版的「肯恩實修系列」即是根據「奇蹟課程實修系列」各書譯爲中文結集而成。

類抗拒心態而感到挫折、內疚，甚至徬徨、絕望的，實在屢見不鮮。為此，我把上述資料彙輯成書，相信有助於學員落實對這部課程的研修和運用。

《逃避眞愛》，原書名為《終結對愛的逃避》，可視為我早期所寫的《終結對愛的抗拒》之姐妹作，兩者都針對心靈的抗拒而痛下針砭。但願書中的解說與提醒能在學員心生抵制而恐懼之際，鼓舞學員切莫忘了初衷，甚至因之半途而廢。若要踏上救贖這條溫柔的修行之路，必須先看清自己對救贖的恐懼，更重要的，必須感受得到救贖背後的大愛，才可能放下判斷、正視自己拒絕回家的種種抵制心態。唯有如此，「解離之牆」才有消融的一天，《奇蹟課程》也才有機會發揮修正的妙用，幫助我們從小我的分裂之夢覺醒，安然抵達旅途的終點。

本書所根據的原始資料都經過縝密的編輯，大幅提高了內容的可讀性，各資料之間的安布串聯，更顯得天衣無縫，一氣呵成。編輯過程中，我們不只重新編寫現場聽眾的種種提問，必要時也刪除了若干問答的形式，以增進整體文氣的流暢。由於「奇蹟課程實修系列」一向保留上課的口語風格，因此，在文辭上也並未刻意多

加雕琢。

　　此外，2004年6月的《燈塔通訊》之論文〈祕密之牆〉的主旨與本書十分貼近，故也收錄於此，那篇文章是根據「奇蹟課程基金會」所舉辦的「寬恕與毀滅性的寬恕」研習內容編輯而成。再者，由於本書提到了海倫的詩〈路上的陌生人〉，故也將此詩附於書末。

誌　謝

一如以往，我由衷感激蘿絲瑪琍‧羅薩索女士（Rosemarie LoSasso），從本書的起始創意、純熟的編輯手法，到最終的完稿，無不展現出她細膩忠實的專業修養。同時，更感謝她長年來對《奇蹟課程》與「奇蹟課程基金會」忠貞不二的奉獻精神。

我特別感謝內人葛洛莉給予的建議與協助，使本書得以目前形式問世。如同之前出版的系列書，這一實修系列乃是出自她的靈感，每一本小書問世，都會激起我對她無盡的感激之情。三十餘年以來，若非她不渝的愛與無私的奉獻，「奇蹟課程基金會」難有今日的規模。愛，確實是我對這位值得敬愛的女士無限感恩的道路。

1 自我解離的過程

引　言

　　奇蹟學員操練《奇蹟課程》一段時日以後，倘若能認出自己有某個部分被切割了（心理學稱之為「解離」），對學習而言，毋寧說是至關緊要的。我們在奇蹟理念的耳濡目染之下，愈來愈熟悉書中的遣詞用字，再加上經年累月的浸淫和練習，也愈來愈認同聖靈的思想體系。然而，我們依舊面臨一個無法解釋的現象，自己心內好似有一道高牆，阻擋了我們把所學到及所認同的觀念轉化成切身的經驗。換言之，我們照樣生氣，照樣非難他人、沉溺於特殊關係、生病就醫，一切所作所為，跟沒讀過《課程》的人毫無不同，彷彿書上讀到的、學來的，以及信誓旦旦的願心，對自己的生活竟然起不了一絲作用。好像內在有個部分的我接受了《課程》的真理，而過日子的和應付現實問題的卻是另一部

分的我，而且兩個部分絲毫沒有一點交集似的。

如果能誠實面對這一窘境，對奇蹟學員必會產生舉足輕重的影響。試看，多半學員操練奇蹟理念很長一段時間之後，往往還會發出這樣的哀歎：「到底還要多久才能夠『得道』啊！其他人呢，好像跟我也是半斤八兩！」這話充分顯示出我們全都陷於自我解離的怪異心態，好像右手不知道左手在做什麼，或者右腦不知道左腦在想什麼，也可以說，正念之心不知道妄念之心在搞什麼鬼。不管怎麼形容，都反映出人心內有一種嚴重的分裂狀態。耶穌要求我們徹底誠實而且不要向他隱瞞任何心念（T-4.III.8:2），就是要我們正視這一內在的分裂或心中那一道牆。當然，我們心裡會砌起高牆，其實是情有可原的，因為這部《課程》的內容深深威脅到我們的小我。對此，耶穌不斷反覆提醒，只是我們故意聽若罔聞，直到我們受不了，才不得不正視這一問題。然而僅僅頭腦知道，根本是無濟於事的，我們必須徹徹底底看清自己是怎麼一步一步把真理推出心外，不讓它融入自己的具體生活的。

這並不是說我們不該比初入門時更加一把勁，更多一點寬恕，少一點批判，這裡只是提醒大家在學習的過

程必會遇到的障礙而已。剛剛也說過，在學習過程中築起心牆是情有可原的，但是，光知道自己爲什麼築起心牆並於事無補，因爲分析來分析去，到頭來都會變質爲另一種防衛的手段。你可以把抗拒的原因分析到讓自己萬念俱灰的地步，也依然扭轉不了現況。你對《課程》的道理早已耳熟能詳，照理說，生活的每一層面早就應該潛移默化或徹底改變才對，到底是什麼原因阻礙了你，使你無法把學過的奇蹟理念融入現實生活中？要言之，深刻了解箇中緣由，成了你眼前的當務之急。

我們總有抱怨不完的事。舉凡一起生活的人、一塊兒工作的同事、一同長大的友伴，更別提身體、衰老、事業、社會動盪、氣候變遷了，任何想得出來的事，不論大小輕重，都可以拿來抱怨。可嘆的是，我們並非對此毫無自覺，不知道自己在抱怨，而是我們根本就太習慣了。因爲抱怨、挑毛病，或是分裂、排擠，好像那麼天經地義，壓根兒無需掛慮，它們早已成爲生活中本有的一部分了。而另一個部分的我則興沖沖地去讀書會或參加研習，操練《奇蹟課程》，卯盡全力想弄懂書上的理論。如前面所言，在這兩種「我」之間，似乎隔著一道鴻溝或高牆，了解並且認同《課程》的我和照樣我行

我素過日子的我，好似相安無事地並存一體。

以愛因斯坦為首的物理學革命也使得這個世紀的人類形成了類似的解離現象。現代物理學打破了牛頓定律，理論確鑿地證明了萬物絕非「眼見為憑」，它揭櫫了物質世界的「物質」基本上是幻相，一切都出自「念頭」，並非具有質量的實體。然而，這些驚人的發現顯然未曾撼動或改變世界分毫，一般學校甚至很少將新物理學排入課程表中。再舉一個例子，有許多證據直接顯示，二次大戰期間美國的軍情系統破解了日軍的情報密碼，也就是說，美國軍方在事前早就知道襲擊珍珠港的計畫了。但是「日本偷襲珍珠港」的故事早已深植人心，即使鐵證如山，人們也寧可相信美軍毫不知情。

我再講一個類似的例子。基督徒都知道第一本完成的福音是〈馬可福音〉而不是〈馬太福音〉，但是講到福音書時，大家仍是習慣把〈馬太福音〉當成第一部。而且不管《聖經》再版幾次，仍然把〈馬太福音〉排在第一，而不是第二。這類例子多到不可勝數。一邊是真相，另一邊是約定俗成的幻相，然後各行其道，互不干擾，彷彿我們只需在兩者之間建構一道高牆便無後顧之憂了。

　　這些例子在在說明了，任何顛覆「已知」現狀的學說必會引發極大的恐懼，人們絲毫也不想挑戰自己的世界觀。而《奇蹟課程》所帶來的訊息，恐怕不僅顛覆了人類的世界觀而已，量子物理學跨出的那一步，相較於《課程》要我們跨越的那一步，簡直是小巫見大巫。《課程》不只說物質世界是幻相，連營造出世界的一念，也是徹底的虛幻。它甚至說，不只物質化的身體是幻相，連幻化出身體的念頭也是虛幻的。依據《課程》的說法，我這「個體」生命不但沒有實體，甚至既非「物」也非「念」，根本沒有「我」這一回事。這一定論令我們瞠目以對，足以把我們嚇倒，只好把自己一分為二。你看，「自我解離」這個心理機制真是太好用了，當我們心中有兩套完全不相容的思想體系，又不甘放棄其中之一，我們就用切割的手法，將自己一分為二，把自己解離為兩部分，且不讓這兩部分相互照面。

認知失調

　　社會心理學家里昂費斯廷格（Leon Festinger）在
1950到1960年代提出著名的「認知失調」心理機制，心
理學視之為解離機制的變形。在他與另外兩位學者合著
的《當預言落空時》（*When Prophecy Fails*），論及熱中
於「末日預言」人士的一個真實案例。一位有「自動書
寫」能力的教主聲稱收到世界末日即將到來的訊息，而
且還給了一個明確的日期。好消息是，末日前會有飛
碟前來，帶他們那一夥人安全離開地球，免遭毀滅的厄
運。他的信徒於是紛紛辭職、離開配偶、拋棄財產，充
分顯示他們對此一預言深信不疑。費斯廷格遂根據這一
事件所引發的認知落差，鋪陳了論述內容：當預言落空
時，面對一連串的現實後果，信徒必須找出新的對應方
式，來降低現實和預期有巨大落差時所產生的痛苦，因
此信徒也就寧可相信那位教主後來改口的說詞，他說他
經由自動書寫又收到另一道訊息 —— 信徒在那段時間所
散發和傳播出去的「光」感動了上帝，所以上帝決定饒

過大家，不毀滅世界了。

　　再舉一個「認知失調」的例子，這事發生於費斯廷格學說之後。班潔明克林（Benjamin Crème）原是愛莉絲貝立運動（Alice Bailey Movement）中的一位教師（貝立由一位不再轉世的高靈Djwhal Khul接收大量的訊息）〔譯註〕，後來克林放棄貝立這套體系，轉而信奉彌勒基督（Maitreya Christ），彌勒基督是一位開悟的偉大聖師的化身（據稱，耶穌也是他的化身之一）。克林相信彌勒基督會再度來臨，並且在聯合國現身，用一種不受限於語言及文化，所有人都聽得懂的方式，向世人傳遞和平的訊息。克林砸大錢買下紐約時報、洛杉磯時報、芝加哥論壇報和其他幾家報社的全版廣告，宣佈彌勒基督現身的具體日期。

　　克林將畢生的成就孤注一擲於「彌勒基督來臨」的預言中。他說，彌勒基督早就來臨，隱姓埋名於倫敦的中東社區裡，他馬上就要現身了。預言的日期到了，結果什麼也沒發生。擺在克林眼前的只有兩種選擇，一是承認自己錯了，等於毀了自己一生的信譽；二是別人搞

〔譯註〕Djwhal Khul 是位沒有形體的靈性上師，神智學會（Theosophical Society）所信仰的救世主。

砸了。克林選了第二條出路。他宣稱是大眾媒體的問題，是媒體還沒準備好。他說，彌勒基督不但已經來到這世界，而且就生活在你我當中，只因媒體和這個世界還沒準備好接受他的訊息，所以無法現身。

這些減輕認知落差痛苦的幾個例子，背後的邏輯其實都一樣，如果我拒絕改變「自己」的現實，就只好扭曲外在的現實，藉此調節認知的落差。將心比心，我們也是這麼對付《奇蹟課程》的，因為《課程》所引發的認知落差更是非同小可。一方面，我們活成一個「個別的自我」，有一具身體，獨特的人格，有自己的一生，而且一切都那麼真實。另一方面，我們又隱約覺得這種活法好像大有問題（否則也不會鍥而不捨地鑽研這部藍皮書了），但是每次面臨選擇《課程》所說的「**另一條路**」時，我們還是百般抗拒。這種現象就是「認知失調」。

前面說過，我們只能從中選一：一是改變個人或自己的存在方式，全盤接納並且活出《課程》所說的事實真相；另一個選項則是改變《課程》本身。說起改造《課程》的花招，可謂形形色色，五花八門。例如，我們會說：「原文不是這個意思，應該是其他意思。」

進而更改了《課程》的訊息。有時候我們會說：「《課程》有些地方講得很道地，但有些部分應該只是海倫小我的想法罷了。」又如另外一類因應的方式：「是的，我承認它說的是真的，但它不是針對我們這群凡人說的。」或是：「這是真理，但不適用於我的現狀。」如此一來，我們才能一邊聆聽《奇蹟課程》的客觀真理，一邊繼續保有自己的特殊性。我們將兩種「現實」分割開來，以減輕認知落差的痛苦。顯而易見的，這種減輕認知落差的手法，讓我們避開了和整部《課程》正面交鋒，因為裡面有太多的訊息不但顛覆了我們的理性認知，甚至威脅到自我的存在。然而，如果我們真心但願從夢中覺醒，就需要認清，這正是我們必須深入處理的嚴峻問題。

「別煩我！」

海倫舒曼的一首詩〈路上的陌生人〉〔譯註〕，細膩地刻畫出她內心努力降低兩套思維所帶來的認知落差之苦。此詩的背景取材自〈路加福音〉耶穌顯靈的故事（24:13~33）。耶穌被釘十字架，下葬之後，顯現給兩位前往以馬忤斯（Emmaus）的門徒，他們原先沒有認出耶穌，後來才發現是他。詩中兩個角色分別代表海倫和耶穌，全詩則是海倫的獨白。順便一提，這是海倫最長的一首詩，詩中點出了她遇見耶穌的憤怒反應：「他不是已經死了嗎！」

詩的前半部，描述海倫第一個反應「抵制自己眼之所見」，她在路上遇見的若真的是耶穌，這表示他並沒有遇難，也就是說，置耶穌肉身於死地的，亦即相信耶穌已死的那套思想體系必是錯的。相對而言，海倫所相信的由十字架、罪咎懼和死亡所編造的整套思想體系全

───────────

〔譯註〕請見本書「附錄一」。

都錯了；非但如此，由此一體系所衍生的自我概念就更無立足之地了。難怪海倫會向耶穌哀求：「請你不要這樣對我！」說得白一點，海倫想說的是：「如果你沒死，表示我整套人生信念都錯了，你等於摧毀了我的信念體系。我寧可你死了，也不願承認自己深信不疑的那一套只是一場騙局。」換句話說，她寧願死守著自己為了遮掩正念而打造的妄念體系。睜大眼看吧，「誠實面對」是何其不易啊，但是，我們如果不肯正視自己的妄見，又如何能穿越小我的謊言，認出背後的真相？

這首優美的詩可謂一針見血道盡人類共有的心態，尤其說中了學員和《課程》的互動心態：「我不想知道此書真正在說什麼，所以我看不懂它說的話。」好像抱持這樣的心態便可以降低認知落差的痛苦。也因此，就個人的修持而言，當「耶穌的」和「我的」思想體系因為不相容而產生認知落差，這個時刻，最重要的就是能夠認出自己會使出哪些手段來減輕兩者的落差。這會幫助我們認清自己的防衛措施。

還有一種練習也很有用，就是當你讀到〈學員練習手冊〉第九十二課「肉眼無法看見和大腦無法思考」這類令人惱火的話時，請留意一下自己內在的反應：我們

不都在用「可以看見」的肉眼讀這段課文，再用「能夠思考」的大腦來解讀其意嗎？它卻偏說「肉眼無法看見」和「大腦無法思考」，甚至告訴我們：「你視為自己的真實想法和你真正的想法之間，毫無雷同之處。」（W-45.1）這些話就如同「這個世界早已過去了」一樣（T-28.I.1:6），讓人瞠目結舌，無言以對。我們如果仔細推敲這些話，真的會抓狂，什麼叫做世界已經過去？意思是「我」不在這裡了嗎？學員內心必會想盡辦法抵制這些話，否則就會陷入進退維谷的兩難境地。

海倫詩中所顯現的內在衝突，是因為她「真的」看見了光明，而這光明令她坐立不安。換句話說，這部《課程》我們如果讀得心平氣和，表示我們根本沒看見書中的光明和真相。《課程》所說的「真相」，斬釘截鐵指出眼前世界純是我們的幻覺，只是幻夢一場，此刻真正的自己正安居天家，與這個世界毫無瓜葛。這種說法怎麼能不讓我們如坐針氈！

「如坐針氈」的經驗確實不好受。任何活在正念中的人豈會無端生事、激起不安？問題是，我們早已把自己安安穩穩地藏匿在小我思想體系裡面，大多時候除非讓我們心生不安，才能把我們逼出藏身之處。如同

海倫詩中的描述，耶穌只是溫柔地提醒一下眞相，就已
經令我們膽戰心驚、備感威脅了。耶穌是溫柔與愛的化
身，從不跟我們作對，只是純然的愛。我們卻因害怕而
抵制，才會把愛視爲自己的對頭。如同這首詩前面幾節
講的，我們把罪咎、恐懼、痛苦、死亡、焦慮和分裂當
成了「朋友」，只因爲它們不會激怒我們，跟它們在一
起，反倒有種莫名的安心。世界固然有許多讓人不愉
快、痛苦和焦慮的事物，但是再怎麼糟糕，也不會威脅
到我們心目中的自己。只有《奇蹟課程》的眞相會直接
威脅「我」的存在，難怪令人讀得煩躁不安。你若無此
體會，表示根本還沒讀懂《奇蹟課程》。

　　容我再重複一下，這首詩除了意境感人以外，還非
常適合作爲教材，因爲它所描繪的不單單是海倫的心
境，它還點破了我們所有人的伎倆：只允許一部分的
光明進來，但不准干擾到我的心境。如果海倫沒認出那
一光明，耶穌不過是路上碰見的一個尋常過客罷了。海
倫原以爲耶穌已經受害，從人間消失了，竟然在路上碰
見，而且如此光明燦爛。相信的和看見的兩者落差實在
太大，她才會惱火地怒斥：「別再煩我！」我們也應允
許自己像海倫一樣對耶穌、對《課程》大喊：「別再煩

我！我就是喜歡目前的樣子。即使不盡如人意，但我寧可如此，畢竟這是我自己的夢境，給我小心一點，不要輕言搶走我的夢！」要知道，這正是修行上極其重要的轉捩點。

與眞相討價還價

我們爲了降低認知落差，寧可與自己解離，這一伎倆成了縱容妄念和正念並存、小我和聖靈同在的元兇。然而，這根本是不可能的，正如光明與黑暗，愛與恨無法同時存在，是一樣的道理。除非你在它們中間築起一道牆，讓它們互不相識，才有並存的可能。耶穌在《課程》裡再三要求我們把幻相帶到眞相那裡，把黑暗帶到光明之中，目的即是要終止我們的解離心態。〈詞彙解析〉也曾提過，只要把問題帶到耶穌面前，和他一起正視分裂的心靈，解離狀態自會消失（C-4.6）。當我們把黑暗帶到光明裡，黑暗便自然消失；把幻相帶到眞相內，幻相就自然消失；把恨帶到愛的面前，恨也必然消失無蹤。反之，只要我們繼續讓它們各據一方，互不碰

頭，魚與熊掌便能兼得。於是，我們才會一邊保有自己的小我，沉溺於特殊關係之中，一邊繼續與聖靈互動。換句話說，我們保全了小我的思想體系，活在特殊關係中，身體樂得奉陪，這一部分的自己好像從來沒聽過《課程》似的，而另一部分的我們則安心地繼續研讀《奇蹟課程》。反正只要能夠把兩邊隔開，就可以天下太平了。

有鑑於此，耶穌才會給我們一套〈練習手冊〉，他刻意設計了以一年為期的訓練課程，目的是讓我們把〈正文〉的理念運用在生活中。每日一課的練習宗旨就是幫助我們不再把生活和《課程》的關係切斷。只不過，一想到要讓這兩者相互照面，實在是可怕至極的事，於是我們開始跟耶穌討價還價。我們會說，我願意針對這個關係或那個問題練習寬恕；或說，我要努力寬恕跟父母幾十年的怨，但是在馬路上超我車的人，或是沒禮貌的服務生，可不在我練習寬恕的範圍內。我們才不想把寬恕的功夫浪費在這些「雞毛蒜皮、無足輕重」的人事物上。我們寧可在「氣了一輩子」的關係上練習寬恕，但是當我們對電視新聞裡的人物或事件大發雷霆時，卻認為自己的行為合乎情理。這是我們操練的心

態，設法妥協或是跟耶穌談條件，充分反映出分裂和解離的心態。我們覺得只要在「一個」關係上努力寬恕，就可以擺出「純潔無罪的面容」，證明自己本無攻擊之意，一切都是對方害的（T-31.V.2~3）。接著，還對耶穌說：「你看，我在這件事上多麼努力練習寬恕！」暗地裡，我們一心只想維護那一道牆罷了。偶爾還不忘對耶穌施點小惠，以免他生我們的氣。

縱使如此，你仍然只需要看著它，千萬不要試著「改善」，這一點非常重要。看清自己如何試圖防堵真相進入生活中的每個環節，看清這種種努力全是小我的把戲。缺了這一層覺察，《奇蹟課程》於你反而有害，因為你會以「我在操練《奇蹟課程》」的假相自欺。就像傳世兩千一百多年的基督教也曾帶給人類不少傷害。教徒沒有因為信仰而更接近耶穌或上帝，因為他們也被「我是耶穌門徒」所蒙蔽。這一假相會讓自己覺得無需再修了，只有那些無神論者、異教徒和相信異端邪說的人才需要修，「你」不需要，因為你認定自己已經追隨耶穌了。同樣的，奇蹟學員也不乏這類信徒，只要認定自己已經追隨《課程》的教導，就無需掛慮自己的所作所為到底符不符合《課程》的教誨，反倒開始操心那些

不相信《課程》的人，或操心不像自己真正懂得奇蹟妙義的其他學員。

　　終有一天，學員會親身體會到，活出《課程》的教誨是如此的困難，它透徹得令人害怕。在座每一位請特別留意自己是怎麼跟《課程》討價還價的，不過，也無需為此大驚小怪。特殊關係的本質就是討價還價，人類的生存本來就建立在「交換機制」上，我們還在襁褓時就學會了如何討父母的歡心，如何向父母予取予求。每個嬰孩都擅長此道，隨著年齡漸長，手段愈加高明。父母也用相同的伎倆操控孩子：我會滿足你的需求，但你得先滿足我的需求。人間所有的關係都屬於一種利益交換。我們為自己打造出一具索求無度的身體，為了滿足它的各種需求，不得不學習交換、付出和犧牲的伎倆。所以，當我們發現自己也在對《課程》、對耶穌重施故技時，有什麼好驚訝的？

　　因此，我們必須學會看清自己是如何跟真相討價還價的，少了這一層的覺察，我們就會擺出一副「無辜的面容」，覺得自己是標準的奇蹟學員，充滿了靈氣，寬恕了所有難纏的關係，堪稱為靈修人士。但是，骨子裡根本不打算讓這套思想全面進入生活的每一環節，理由

無他，因為一旦全面接受，我們的生命將得全面大改造。我們很清楚自己並不想讓真相全面介入，否則我不會繼續生氣、批評、判斷和心煩；也不會繼續搞小圈圈，結盟聚眾，玩弄愛恨交織的特殊關係，不斷分別取捨，判斷好壞高下。對我們而言，這些反應就如同「呼吸」一樣的自然而然，畢竟，這就是小我的一呼一吸。氧氣維持身體的運作，而罪咎懼和分別心則維繫小我的存活，它們等於是小我的氧氣。

那麼，相信《奇蹟課程》所言不虛的那一部分的我，又該怎麼看待人間的一切呢？比方說，我該怎麼運用「在身體層次上什麼事情都沒發生」這一奇蹟原則？其實不難，當我發現自己對任何一物起了喜怒好惡之心時，我必須看到，自己正在賦予身體某種力量，而且我也等於賦予了別的身體掌控我這具身體的能力。容我再強調一次，這不表示你是有罪之人，它只會幫你謙卑地意識到自己裡面有一部分根本不想學習《課程》。你只想學其中讓自己好受的部分，讓耶穌喜歡你，不再定你的罪。想想看，既然你這麼害怕讓耶穌和他的愛全面進入自己的生命，又怎麼可能全盤接受他的教誨？

對於耶穌、上主、愛及寬恕的教誨，多半的奇蹟學

員都有過這類愛恨交織的感受。我一再提醒大家，這些矛盾複雜的感受是情有可原的。既然時間是幻相，我們所作的每個選擇，和無始之始那一刻的抉擇，其實是同一個。說穿了，若非選擇小我的思想體系，導向罪、咎、懼、恨以及對死亡的恐懼，就是選擇聖靈的思想體系，祂溫柔地告訴我們分裂從未發生，且將我們領向愛與平安的救贖之境。我們原是同一個上主之子，一起作出錯誤的選擇，甚至一而再、再而三地重複同一個錯誤，直到有一天，我們終於雙手一攤，在絕望中大喊「一定還有另一條出路」，我們的心靈才算真正打開，準備好用不同的眼光來看待自己的生命。

2 討 論

憤怒之牆

問：我覺得你好像對我們失去耐心，嫌我們積習難改、老沒長進似的。也許我把自己的內疚投射到你身上才會有這種感覺？

肯恩：我常引述〈正文〉第十七章第六節所說的，你可以從自己陷入的處境看出事件背後的玄虛。你目前的處境，其實正是你原有的初衷，過程中的枝枝節節只是幫你完成初衷的手段而已。你目前陷入的窘境是你覺得我失去耐心，開始生氣而妄下評斷，如此一來，我成了你的敵人，而你成了受害者。試想，你已經竭盡心力了，可是我一開口就講出這麼不中聽的話，所以你是無辜的受害者，而我成了加害人。我一旦被定位為敵人，你理所當然無需聽我說些什麼了。誰願意被人評斷、訓

誠，甚至撻伐呢？誰喜歡不友善、沒有愛心和沒有同理心的對待呢？因此，某個部分的你，就會理直氣壯覺得自己沒有必要理會我說了什麼，或我書裡寫些什麼。

如果你不想中小我的計，就必須提醒自己，你目前的感受其實正是你想要的結果，否則你就不會有這樣的感覺。別忘了，這是你編織的夢境。也就是說，如果你覺得氣憤、被忽視或受到批判而決定「不再繼續聽我說了」，這一結果其實是你的初衷。這種時候，你理當問問自己：「為什麼我想要這樣的結果？」是的，從這兒下手，你的自我探尋會讓你獲益良多的。

我之所以提出「解離」的問題，目的是想幫助奇蹟學員正視我們心中有一道牆這個事實，否則我們哪有機會跨越它？然而，最難的是「不帶評斷地正視它」。這道心牆只是當初天人分裂時我們所砌的「牆之倒影」罷了，只不過沒有人能意識到它的存在。因此，我們必須透過這道自我解離的高牆，才有機會瞥見無始之始天人分裂那一道牆，因為兩者的內涵完全一樣。然而，「原罪」所產生的罪孽深重之感，早已把這問題塵封於潛意識下，再加上一道罪咎之牆的阻擋，更使得我們欲解無門。再說一次，我們若認不出問題何在，怎麼可能解決

問題？

　　有鑑於此，我們的首要之務是自我覺察，當我們內在的分裂和解離狀態被識破時，會產生什麼樣的情緒反應。其中一種反應是我們剛剛討論的現象：生我的氣，在我們之間砌起高牆。另一種是生出罪惡感，或是感到悲傷，那也成了一道牆。這道牆不見得會隔絕你我，而是一種痛得欲振乏力的恐懼，讓你覺得：「我真是糟糕透頂。看看我幹了什麼好事！」這是不折不扣的防禦手段，它跟憤怒一樣有效，而且無論它是以憤怒、罪咎、痛苦、悲傷或任何形式呈現，最難的是誠實地面對內心的反應，然後跨越過去。我所謂的跨越，也只是認出它，正視它的存在，如此便成了。在後文我仍會繼續強調這一點。

抗拒之牆

　　問：我去年的狀況很糟，應該可以稱之為撞牆吧。當時我忽然意識到，原來自己根本不想按照耶穌的教誨

去活。那種感覺既絕望又驚惶，直到操練第七十四課時，靠著你的註解〔原註〕，才度過那段時間。此刻我總算看清了，原來我的牆就是我對於罪的信念。在練習那一課時，我開始把絕望和受害的感受帶到耶穌面前，而我的小我也識相地沉寂了將近一個月。如今，我總算寬恕了自己。這個穿越防禦之牆的體驗，為我的生命帶來嶄新且全面性的影響，真是不可思議！

肯恩：是的，我們遵循耶穌的教誨而活，所得到的那種美好經驗是幫我們穿越高牆莫大的助力；反之，我們若築起高牆，故意跟耶穌唱反調：「我就是不想照著你說的方式練習。我不願做這，我也不想做那！」這種幼稚任性所帶來的苦楚，與放下對抗之後那種美好的感受兩相對比之下，你就會甘心撤牆而出了。這個道理再簡單不過了，然而，問題恰恰就在於此——「太簡單了」，簡單到讓小我無比膽寒，只因小我特別喜歡把問題複雜化。你還記得大學念過的奧坎剃刀理論（Occam's Razor）〔譯註〕嗎？一言以蔽之，對任何現

〔原註〕 *Journey through the Workbook of A Course in Miracles Vol.Two*
〔譯註〕 奧坎的威廉（William of Occam, 1290~1349）中世紀邏輯學家，聖方濟各會修士，能言善辯，被稱為「駁不倒的博士」，主張當兩個理論的解釋力相同時，較簡單的往往勝出。

象的解釋，最簡單的通常勝過較複雜的。

　　面對抗拒，千萬不要與之對抗，更糟的是發明一些應付或過關的技巧。平心而論，過關的技巧的確有一時之效，也是現代人最擅長的手法，但是，任何技巧都化解不了內心的抗拒。從佛洛依德早期的研究資料顯示，1880至1890期間，催眠大為盛行，他本人對此也很著迷。佛洛依德跟隨沙可醫師學習催眠，這位醫師不但是法國當代著名的神經學家，也是催眠的先驅。佛洛依德當時覺得催眠可以揭露病人一部分的潛意識，但是後來卻對此一治療方式多所質疑和批判。他在自己的研究中指出，催眠絲毫未能解除病人心內的「抗拒」，反倒助長了聲東擊西的自我保護機制，逃避真正的療癒。

　　由此可知，關鍵並不在於如何應付抗拒的問題，既非藉著催眠的方法擺脫它，更不是利用什麼技巧瓦解它，這些都不是根本的對治之道。反之，我們該做的是，承認內心的抗拒，而且誠實地感受它的力道和影響。「抗拒」本身就是一道牆。威廉賽佛（比爾）曾俏皮地說：「〈練習手冊〉沒說的，都別作。」〈練習手冊〉從未提過催眠或是任何技巧。《奇蹟課程》只教我們一件事，就是「不帶評判地觀看小我，看清自己為了

認同小我所付出的代價」。整部《課程》說來說去都不外乎：正視小我，正視自己的抗拒，請求耶穌和聖靈的幫助，陪伴我們不帶評判地看清自己的現狀。

　　話雖如此，人們總會忍不住想多做點兒什麼。最近我在「我什麼都不需要做」（T-18.VII）的研習裡，花了很多時間討論「想多做點什麼的傾向」。「身體」就是小我想為自己做點兒什麼最典型的產物，藉之確保自己的個體（也就是小我的虛無生命）存在。要知道，身體根本做不出任何事，因它只是一個傀儡，心靈才是幕後的操縱者。耶穌在〈正文〉說：

> 即使為骷髏畫上玫瑰般的紅唇，把它打扮得嬌豔動人，馴養它，撫育它，你能使它重生嗎？你怎麼可能滿足於目前所活的幻相世界？（T-23.II.18:8~9）

　　有鑒於此，我們的焦點絕對不可放在那具沒有生命的木偶（形骸）上，而要放在背後控制它的「大腦」。表面看起來，身體確實做了很多事，它存在的目的就是去解決一些根本不存在的問題。我常用底下這句話形容我們的身體以及賴以安身的物質世界：它們只是小我針

對「不存在的問題」所提出「最糟糕的解決方案」。從這一點可以看出，連心靈也「什麼都不需要做」，否則就落入「有問題需要解決、有小我需要化解」的陷阱了。需要化解的只有一個信念，就是心靈認定「有個小我，它是一切問題的癥結，需要好好地對付它」的信念。好，我再講一次：一個相信自己是小我（是某物）的心靈，打造出一個世界和一具身體（也是某物），轉移了我們的焦點，從此認不出真正的問題其實是「抉擇者聽信了分裂的謊言，相信世界和身體所演出的種種傳奇故事，企圖為上述的謊言背書，進而鞏固分裂的瘋狂信念」。

容我再強調一次，關鍵不在於抗拒或那道「牆」，而在於我們「想要」那道「明明不存在的」牆，於是問題便來了。「抗拒」的心態並不具備任何實體性，它是「心靈想要那道牆」的結果，是因為害怕愛、抵制愛而形成的心牆而已。我們活在一個急功近利的社會，舉凡食物、性愛、金錢，乃至於解決問題，無一不想快速搞定。這種心態與小我一拍即合，因為我說過了，人的欲望層出不窮，解決的辦法也千奇百怪，然而，欲望的問題根本不存在。我們甚至可說，這些欲望底下暗藏的

「真實渴望」其實也不存在，那只是小我利用罪咎來鞏固個體性生命的一種障眼法罷了。

　　總之，面對「抗拒」時什麼都別做，只需要覺察它，如此就夠了。也就是說，只需認出自己心中藏有「我很害怕真相，所以必須設法與它隔離」那個念頭，認清自己的確想盡辦法將真相與幻相隔離，因為只要兩個一放到一起，我們所認同的那個與眾不同的自我就消失了。耶穌苦口婆心地要我們覺察心中的牆，並且真切感受這道牆所帶來的痛苦。遺憾的是，我們並不想讓自己好過，只一味保護妄念所打造出來的這個「看似真實的個體生命」。

　　正因如此，我們必須先甘心承認自己當前的心態與處境，而且明白這一切都情有可原。耶穌說過，**不要試圖改善自己** —— 而這正是我們一直在做的。我們老想改善自己，這才是問題之所在。**《奇蹟課程》不是矯正器**。試想，為什麼有很多人一開始受到《課程》的吸引，卻很快就放棄了呢？理由無他，只因為《課程》讓他的期待落空；他們要的是一劑特效藥，一個靈性速成班。人們渴望吸毒帶來的狂喜經驗（drug high）和修行人追求的靈性狂喜（God high）其實沒什麼兩樣。《奇

蹟課程》不給你這個。這門課程是需要下苦功的，尤其是「什麼都不做」這一點最難！弔詭的是，我們反倒願意接受苦行，因爲精進或苦行心態助長了小我的謊言，加強了我們確有嚴重問題等待解決的信念。人們有時會覺得自己太過懶散、不夠努力，然而有意思的是，若從小我卯盡全力維繫分裂與特殊性之謊言這一角度來講，想要懶惰還不是那麼容易的事。

是的，最「難」學的功夫就是「面對抗拒時什麼都不做」。再說一次，你唯一要做的，是覺察它的存在。在現實生活中，你可以運用各種技巧去應付每天的挑戰，或設法減輕情緒及身體上的痛苦。其實，「對症下藥」沒有什麼不對，畢竟沒有人願意活在痛苦中，所以任何減輕痛苦的方法你都可以用。只是不要再欺騙自己，假裝這些伎倆可以根除痛苦之源；它們能夠緩解的，只是症狀而已。同樣的，我們也必須愼防「以靈性爲名」拒絕減輕痛苦的藥方，刻意或執意不用，其實也很殘忍。

話說回來，如果你想幫助他人從根本之處解除痛苦之因，就什麼都別做，只要愛他們，仁慈相待，眞心接納對方。一方面，你也可以幫他們減輕症狀，但要知道

那只是表達愛的一種方式。在此同時，千萬不要跟著他去追究症狀的起因，因為只要一在那個層次著力，就會把它弄假成真了。換句話說，只要你一開始對付抗拒，抗拒就會變得更真實，而正中小我的圈套。**不要抵制它**。我再強調一次，只要覺察這道牆的存在，然後對自己說「這是我自己的造作」，同時，盡可能讓自己誠實感受這道牆所帶來的後果，這就夠了。除此以外，什麼都不必做。

我們多少都有過這種經驗，當外在事物勾起我們的情緒時，我們壓根兒不想處理它；後來才慢慢明白，不想處理的真正原因，是不敢面對事件背後隱藏的更深問題，才會設法砌牆來擋。過了一陣子之後，我們又會覺得好像不該不處理心裡那道牆。即使面臨這樣的狀況，我們要學的仍然只是「什麼都不必做」。只因關鍵在於我們的抵制心態，而不在於心中認定的那個「問題」。舉例來說，上司沒先跟我討論就調動了我的職務，我覺得不受尊重而傷心不已，事實上，若非我先抵制了愛，不尊重愛，這一調動原本並不會造成我的困擾，但我看不出，更不肯承認這一事實，因為全世界的人都認為我的生氣是合理的。人間所有讓我們煩心憂慮的事件，都

該回到自己決心抵制愛的那個抉擇點上，絕無例外。問題從來不在於我們所認定的事件，甚至也不是我們對它的抵制，而是我們的抉擇者選錯了老師，**說什麼都不願意回到心靈，重新選擇，表示我們不甘拒絕小我而選擇聖靈。**

抗拒，透露了我不願正視問題背後隱藏的癥結，事實上，問題背後根本就沒有什麼問題。佛洛依德說，分析抗拒心態乃是心理分析最關鍵的部分。隱藏的抗拒透露出我有個不願意面對的嚴重問題（即罪與咎），因為威脅太大了，所以我害怕到連看都不想看，「抗拒」就這樣轉為一道防衛之牆。只要我敢放下這道防衛之牆（也就是決心和耶穌或聖靈一起正視它），就會霎時明白，我害怕的東西根本不存在，那裡什麼也沒有。如同《課程》所說：

> 萬一你往內看去，卻沒有看到罪，那又如何是好？（T-21.IV.3:1）

這是救贖的核心概念，它點出一個更深的事實：連我與上主分離的「小小瘋狂念頭」（T-27.VIII.6:2）也不是真的，根本沒有「小小瘋狂念頭」這回事！整個世界

的思想體系就是企圖防止我們認出這套瘋狂的念頭純屬虛幻這一事實。這也是為什麼聖靈或耶穌的說法常讓人火冒三丈，祂們從不答覆「小小瘋狂念頭」；小我正好相反，它最熱中此道。我們當然相信「**小小瘋狂念頭**」的存在，我們就是從那兒出來的。反之，聖靈的答覆卻是：哪有什麼小小瘋狂念頭？所謂接受救贖，其實就是接受「分裂從未發生，我的自性也從未與愛和完美一體分離過」這個真相。

追根究柢，所謂抗拒的心態，原來是因害怕認出自己這分裂的生命只是一個幻相而已。〈正文〉這麼說：

> 小我不過是你對自己的一種信念而已。你還有
> 另一生命，完全不受小我干擾地繼續存在，即
> 使你存心與它斷絕關係（dissociation），也改
> 變不了它分毫的。（T-4.VI.1:6~7）

大家都知道這是《奇蹟課程》的核心教誨，也看得懂這段話的每個字，但卻很容易把這個基本道理跟自己的生活劃清界線，依然我行我素，好似根本不知道這一真相似的。我們害怕發現這個特殊的我竟然如此虛無，為了平撫那種空虛與失落感，遂不惜讓已經過去的陳傷

舊痛還魂。這種莫名其妙且幾近變態的手法，只有小我才想得出來。也就是說，當我們倏忽領悟《課程》究竟在說什麼而使自己的存在備受威脅之際，過去的煩惱和痛苦反倒成了證明自己存在的定心丸。

別忘了，小我不是另一個東西，小我其實就是我們自己。當我們寬恕次數多了，開始用不同的眼光看待身體以後，自我的感覺必然逐漸減弱，於是，內心抵制的力道也隨之節節升高。耶穌這樣形容小我，「它的猜忌狐疑會頓時轉爲心狠手辣」（T-9.VII.4:7），〈練習手冊〉第一百三十六課也提醒我們，當眞相威脅到我們時，生病會成爲抵制眞相的防衛措施。也就是說，當「我」的眞相如一道光芒劃破心靈的黑暗時，必會激起極度的恐懼，因爲我發現事態嚴重，那道光明一旦照到「我」，「我」就會消融無蹤了——那個自認爲活在世界裡的「我」根本就不存在。「我」這具血肉之軀完全仰仗自己的妄念決心不著眼於光明，才能繼續躲在罪咎的黑暗中，使我們看不清身體的廬山眞面目。由於罪咎的黑暗籠罩著身體，讓我們誤以爲那兒眞有東西似的，事實上，那裡面什麼也沒有。唯有在救贖之光的照耀下，我們才可能領悟那兒眞的什麼都沒有。

那一道牆，代表了我們拒絕正視幻相以及承認它的虛無之心態，也因此，身為一個獨立個體又有一具身體的我，必會本能性地反撲那一真相。我常引用第二十六章「小小的障礙」的一段話形容這種反應：

> 每一天，每一分鐘，每一瞬間，你不斷重溫
> 那恐怖的時間幻相取代愛的那一剎那。（T-26.
> V.13:1）

每一個當下，都在重演初始的選擇，我們相信自己摧毀了上主，相信上主的義怒必會報復，時時刻刻活在無以名之的恐懼中。由於時間並不是線性的，因此我們都在重活那一刻的選擇，以不同的形式，一遍又一遍地重演那個初始的決定。就像一個用罪咎製作成的萬花筒，每轉動一次，就會看到不同的花樣，有些萬花筒裡盛的是彩色玻璃，轉動出來的圖案很美，就像特殊之愛那般吸引人，但是圖案再怎麼好看，基本材質還是同一個，不管我們怎麼轉它，換湯不換藥，罪咎還是罪咎。

世間萬物的存在都代表著一種攻擊，降生人間本身也是出於一種攻擊心態。因此，請記得，開始操練這門課程時，首要之務就是不再假裝自己很仁慈、有愛心、

友善、討喜、貼心，或充滿靈性。我常常說，具備這些特質的人仍留在天堂，不會在這裡，只有「壞蛋」才會來到人間。不僅如此，最糟糕的是，我們這些「壞蛋」只要一停止憤怒和評斷就會感到活不下去似的。因為憤怒是那心牆的基石，也是特殊之我的棲身之地，難怪操練這門課程那麼困難，也難怪我們刻意對《奇蹟課程》保持某種解離狀態，免得「自己」這個幻相在真相中原形畢露。說穿了，我們一點也不希望把虛無帶到「實有之境」前，因為這麼一來，虛無就無法存在了。要知道，這不是因為我們害怕實有，我們根本不懂實有是怎麼一回事，我們真正害怕的是自己保不住虛無而已。只因我們若和「實有」之愛一起正視虛無，虛無立即消失了蹤影，這才是我們真正害怕的，為此，我們才會不斷樹籬砌牆，這一恐懼才是我們真正需要正視的。

這一點非常重要，我必須再重申一次：抵制《課程》的原因是出自對《課程》的恐懼，擔心自己萬一老老實實依照《課程》的指示操練，自己會喪失一切。但其實，要是能如實操練，我們必會贏得一切；所輸掉的，不多不少，是那個虛幻的自己而已。這一點真的非常重要，我們需要正視這一恐懼，以及自己真正害怕的

後果，同時看清自己是如何跟《課程》保持若即若離的
關係，以確保自我至上、安全第一。

抉擇者成了加害者

問：接觸《奇蹟課程》一段時間後，我開始覺得自
己成了抉擇者的受害者，它逼我作出內心並不想要的選
擇，比方說，我的健康狀況。

肯恩：這是另一種自我解離的現象，顯然，你又想
跟抉擇者劃清界線了，這無疑正中小我之下懷，因為除
了抉擇者之外，並沒有「你」的存在。我們都是抉擇
者，而且一直都是。當我們選擇離開天堂，或者說，以
為自己可能離開天堂時，我們就只剩下抉擇者了。天堂
裡只有一個上主之子，基督自性。然而，我們一旦相信
自己能與天堂分裂，我們對自己的真實身分（亦即基督
自性）的記憶就會頓時消退。分裂之後的自我**就是**抉擇
者，而且**一直都是**。

那個自我概念的內涵永遠不變。而我們為了掩飾這

一真相，不惜編造一堆關於自己的故事，說服自己是那罪孽深重的「我」，而不是抉擇者。我這具失心的身體就是鐵證，心靈才是**唯一的抉擇主體**，沒了心靈，我們怎麼可能為自己的處境或狀況負責？我們既然只是一具無辜的身體，是他人和外境害我們淪落至此，他們當然才是罪魁禍首。然而根據「觀念離不開它的源頭」這一原則，我們始終都是那位抉擇者，而本課程的目的只有一個，就是幫助我們解除自己老想和抉擇者劃清界線的那個「解離」企圖。

舉例而言，當我面對自己或所愛的人正承受著癌症的折磨，它可能成為我化解「解離」的一個契機。此時，正在「面對」的「**你**」是觀者，也就是抉擇者；抉擇者只要選擇了正念，就成為觀者。是觀者在面對罹癌與瀕死事件（或任何人做的任何事），這一面對心態會幫我們終結對小我（也就是肉體之我）的認同，重新與自己千古不易的真實身分（抉擇者）認同。請留意，企圖把加害者的矛頭指向自己的抉擇者，或父母，或任何人，根本是同一回事。

不論我們多麼想要裝無辜，我們所碰到的每件事、每個人，其實都是出於心靈內這位抉擇者的選擇。全

世界應該都會同意，沒有人真心想要痛苦，但如果我們誠實觀察自己內心的運作，就會發現，骨子裡自己還蠻享受痛苦的。在座各位或許有人還記得我講過的一個案例，多年前我曾治療一位病患，他因為與愛人分手而痛苦萬分，久久沉浸在痛苦中難以自拔。直到有一天他向我坦承痛苦帶給他出奇的美感，這段痛苦經歷才畫下休止符。看吧，他用「出奇的美感」形容痛苦，真的萬分貼切！事實上，所有的痛苦對小我而言都美得出奇；而這正是我們必須正視，同時也是我們最不想面對的事實。〈正文〉最後有一段文字說得很清楚：

> 你若受到任何傷害，這幅受苦的畫像不過表示
> 你看到了自己的祕密心願。僅僅如此而已。你
> 所受的苦會讓你看到自己想要傷人的那個不可
> 告人的祕密。（T-31.V.15:8~10）

這正是耶穌所說的「救恩祕訣」之所在：

> 救恩的祕訣即在於此：你所做的一切全都是對
> 你自己做的。（T-27.VIII.10:1）

一旦接受了救恩的真相，我們才會停止扮演「無辜的面容」，不再樂此不疲地選擇受苦受難，只為了可以

指責攻擊對方而竊喜不已地說：「看看我吧，弟兄！我
是死在你手中的。」(T-27.I.4:6)

　　要明白，不論我做了什麼，全都是針對我自己做
的，而這意味著，我不再諉責於外。我既是起因也是後
果，唯有看清後果如此恐怖，才會決心改變起因。我這
抉擇者過去選擇了小我，現在要改為選擇聖靈了。唯獨
如此，我才可能正視人生大幻劇，也才會明白什麼事都
未曾發生過。對此，小我必會使出渾身解數，企圖說服
我們相信現實世界真的存在而且十分恐怖，不讓我們正
視它的虛幻。然而，世界純是一場虛幻的騙局，耶穌才
會在〈正文〉中把小我描寫成一位「陌生的過客」：

　　不要向那陌生的過客請教〔譯註〕「我究竟是
　　什麼」。整個宇宙就只有他不知道。你卻偏偏
　　向他請教，並且還按照他的答覆來調整自己。
　　使得浩瀚如宇宙的真理原本不屑一顧的那個渺
　　小而荒謬的瘋狂一念，如今神氣十足地擔任起
　　你的嚮導。你開始向那渺小一念請教宇宙的意
　　義。在浩瀚如宇宙的真理前，你竟會向那個盲

〔譯註〕此處標為粗體字，是肯恩所特別凸顯的。

目的嚮導請教：「我該怎樣看待上主之子？」
（T-20.III.7:5~10）

請看看，這種問道於盲的行徑是何等的荒謬！我們卻日復一日荒謬蒙昧，完全無視於代表智慧和真理的天音就在身旁，等著我們選擇。

3 個體自我與非個體自我

　　現在，我們可以為上述的討論作個小小的結論：
那道心牆只是象徵自我解離的過程，我們一方面深信
《奇蹟課程》所言不假，另一方面，顯現在日常生活卻
完全兩碼事。「牆」代表了我們存心將兩者隔開，永不
照面。我們在肉體內活出的生命，本質上缺乏存在的意
義，無論那是自己的、愛人的或他人的身體，乃至於世
界本身，全都了無意義。此生唯一的意義即是逐漸認出
「生命不具任何意義」這個事實。在〈正文〉稍早的章
節裡，耶穌說道：

> 你如何在一個沒有喜樂的地方尋得喜樂？除非
> 你明白自己不是真的活在那兒。（T-6.II.6:1）

　　在學會這門人生功課以前，我們是不可能踏出下一
步的。這門功課讓我們領悟生命只有一個目的，就是由
我心目中的這個生命跨越到自己真正的生命那裡；唯有

如此，方能帶給我們真實的喜樂。

　　然而，問題的癥結是，我們並不覺得自己在世的生命不具任何意義，這就是解離的現象。我們心內有一部分了解、相信並且接納《課程》所說的真相，比如說，活在世上的生命不具任何意義、「天堂之外沒有生命可言」（T-23.II.19:1）。儘管如此，但我們心靈內還有一個部分卻堅持這個生命是有意義的，這一點可以從我們對自己、對所愛的人和萬事萬物的反應一覽無遺。每個人心中的牆呈現的形式樣貌可能大不相同，其實所有的人全是同一回事，就是自我解離。無論我們覺得活在這裡很美好、很值得、充滿喜樂，或覺得不知所爲何來、苦不堪言、一事無成，其實兩者都一樣把這個生命弄假成眞了。快樂也好，痛苦也好，所強化的全都不外乎「身體眞實無比」的信念（T-19.IV.一.17:10~11; T-19.IV.二.12）。這道心牆的唯一目的，就是企圖遮掩「世間的生命既說不上快樂也說不上痛苦，說不上有意義也說不上無意義」這個眞相。試想，根本不存在之物豈會給你任何感受或意義？

　　我前面說過，如果這個論點會激怒你，表示你與上主分裂的罪咎感開始作祟了。因爲分裂之舉等於聲明你

不在乎上主，不在乎耶穌和他的教導，你只在乎自己生命的個體價值，而且斷定它深具意義。你的反應就像偷吃糖時被當場逮個正著，頓時惱羞成怒，喝令眞相識趣地閃到一邊去。如此，罪咎就這樣深植於你心中了。你知道有罪就當受罰，既然犯錯被逮，你自然相信自己的定罪與受罰也必是罪有應得的。

　　我來講個有趣的「逮個正著」小故事。好幾年前我在科羅拉多州亞思本市郊舉辦一場研習，順道給附近的Trappist修道院作一場演講。修道院原本頗受愛戴的前任院長，因爲與一位修士的姊姊發生關係且讓她懷孕，不得不離開修道院，後來兩人也結婚了。當時，這對夫妻前來參加我的演講，就在我講到特殊關係時，一眼瞥見他的手臂摟住妻子的肩膀，我故意打趣說：「我們這裡可不能這樣。」你知道他怎麼回答：「哎呀，我怎麼老是被逮個正著！」這話一針見血點出我們眞正氣的是「怎麼又被逮到了」的罪咎感。

　　再強調一次，我們都想把《奇蹟課程》和自己的生活切割爲二，因爲我們打心底認定自己的私人生活是我的事。我們眞的相信有「私人生活」這一回事，這信念正是一切問題的癥結。天堂**是沒有「私人的生活」**

的。這也是我們當初離開天堂的另一個緣由，因為個體在上主的眼中根本沒有存在的餘地。二十世紀初有一本作者佚名的通靈書《非個體生命》（*The Impersonal Life*），書名所標舉的「非個體的生命」，正是人人最不想要的，我們才會把自己變成一個人、一具身體、擁有獨特的人格，甚至築起解離之牆，把自己「非個體」的生命真相推出意識之外，不斷打造一道道銅牆鐵壁去鞏固它，確保自己不受傷害。為了掩飾自己築牆的防衛舉動，我們還故意在牆上弄個小缺口，讓一點兒愛滲入。如此，我們便可理直氣壯地向耶穌邀功：「你看，我在練習寬恕，我正在修練你的《課程》。」但別忘了，是「我」在主導這一切，是「我」在練習寬恕，條件和方式也理當由「我」來決定。

我過去在講解〈教師指南〉「信賴的形成」的第四個階段，曾經強調過，我們能在這個階段活得「心安理得」，只因我們穿越了前面第三個階段（也就是捨棄犧牲的信念），這正是寬恕的真諦，我們也慢慢嘗到了放下判斷的甜頭。然而，就在我們自以為解開了一段糾結的關係和困境，而沾沾自喜「我終於做到了」之際，耶穌竟然對我們說出這樣的話：

他〔上主之師〕〔譯註〕修持的境界並沒有他
想像中那麼高。（M-4.I.6:10）

這是進入第五階段的先聲，馬上就要進入奇蹟版的
「心靈暗夜」了（「心靈暗夜」原是天主教神祕學家聖
十字若望形容悟道之前的心境）。這個宛若地獄的經歷
敲醒了我們：原來第四個階段並非終點，原來「我」還
在，還有一個寬恕別人的「我」。既然是「我」在寬
恕，我的個體生命便保住了。

到了第六個階段的真實世界，是沒有「我」的，但
我們不可能跳過第五階段，直接從第四進入第六個階
段。第五階段可說是不見天日的漫漫長夜，因為在第五
階段裡，我們逐漸認出，原來自己所認定的我根本不是
我，不但不是我，而且「沒有我」。為了不讓自己失落
自我，我們只好築起這道「解離」的高牆。

我說過，奇蹟學員和《課程》之間的互動堪稱為解
離的絕佳範例，他會讓兩種互不相容的思想體系並存心
中。為了達此目的，他將心靈一分為二，讓兩套思想體
系各據一方，就好像在房子裡用牆壁隔成兩個房間，而

〔譯註〕引文裡中括弧的字，是肯恩所加註的。全書同。

且各自上鎖，誰也進不去另外一間。我們當初就是用這種手段和上主分裂的，這可說是解離的原型。我們藉此聲明：「我要一個個人的生命，只有這個特殊的生命對我才有意義。我要從那個『非個體』的上主之子（也就是屬於上主的一體之愛）那一部分生命切割出去。但我會讓一些記憶浮現，容許自己偶爾感受到一點愛或合一的感覺，但是大體上，我要設法和這一部分的我切斷關係。」請注意，只要企圖保全自己生命的欲望存在一天，我們便不可能不為此罪咎付出沉重的代價。

毫無疑問，我們每個人都在做同樣的事，而且同樣不敢正視問題。如果我們不敢正視心靈甘心淪為小我這一**決定**，就很難在奇蹟的道路上有任何進展，因為心靈的選擇是一切問題的核心。我再三強調，解離之舉所引發的罪咎感實在深不可測，這個罪咎會讓解離愈演愈烈，把問題愈壓愈深。可還記得〈正文〉裡一針見血的話，問題不在於我們想要跟什麼對象斷絕關係，而在於那個存心斷絕關係的決定。請留意耶穌說這段話的背景，他指出解離的目的原是想要遺忘，結果卻引發內心更大的恐懼：

　　除非你早已認識某物，否則你是無法與它斷絕

關係的。因此你對它的認識必然先存於關係斷絕之前，如此說來，斷絕關係不過代表了你想要遺忘的決心而已。被你遺忘之物自然會顯得無比可怕，只因斷絕關係無異於對真理的一種侵犯。你會開始害怕，因為你已經遺忘了。你已經用夢中的意識取代了你的真知，只因你真正害怕的是自己所切斷的關係，而不是與你斷絕關係的那個對象。當你開始接納斷絕關係之物，它就不會顯得那麼可怕了。（T-10.II.1）

佛洛依德犯了一個錯誤，他以為問題的癥結在於病人想要斷絕關係的**對象**，也就是病人遲早需要面對的醜陋魅影，但他沒有看出那個醜陋魅影其實並不存在。相對於佛洛依德的說法，耶穌為我們點出關鍵不在於我們和什麼東西斷絕關係，而在於我們存心斷絕關係的「那個決定」，這才是《課程》反覆重申的要點。也就是說，不管我們想要切斷什麼或不想看見什麼，都無關緊要，問題在於我們不斷決裂的這個選擇，它才是罪咎孳生的溫床；它和世上所有的東西一樣，都會勾起我們和上主分裂的初始記憶。同理，任何防衛措施本身也不是問題，是我們覺得需要防衛的這個心態才是一切的禍

端。想一想，我們一生都在抵制一個根本不存在的東西，簡直荒謬至極！

《奇蹟課程》這套實修之路之所以令人折服，得歸功於耶穌給我們一個清晰的形上理念基礎，他把一切問題歸根於我們將初始的**小小瘋狂一念**當真了。他讓我們看見，自己的一生不過是反覆重演「將初始瘋狂一念當真」的過程而已。我們在世的所作所為，只是那個剎那的一片倒影罷了，然而，它反映的不是遙遠的過去，而是作此決定的當下此刻。這又牽引出《課程》另一個極其關鍵的形上理念：線性時間純屬幻相，我們不只早已作了選擇，而且這一選擇此刻正在上演。在這樣的時間觀下，心靈的運作不是橫向的，過去、現在、未來其實是縱向的。換句話說，時間基本上是上下移動的。我們意識層面所經驗到的僅如冰山一角，在這可怕的冰山一角之下，埋藏著更可怕且陰魂不散的罪咎，在潛意識下面，日以繼夜地作祟。現在，各位再回憶一下這段話：

> 每一天，每一分鐘，每一瞬間，你不斷重溫
> 那恐怖的時間幻相取代愛的那一剎那。（T-26.
> V.13:1）

　　既然**以前**好似發生過的事，**如今**仍在上演，我們便無需回到初始那一刻，只要好好處理當下一刻之事也就夠了。比如說，當我生氣時，表示我的罪惡感在作祟；而我之所以有罪惡感，則是因為我斷絕了和上主的關係，而且用小我的愛取代他的愛。這才是一切問題的原委。特殊性永遠投射出我們想要以假換真的企圖。第十八章「取代真相」那一節把「取代」和「特殊性」劃上了等號，我們假借特殊關係，企圖用彼此的愛來取代上主之愛，也難怪特殊性總是跟罪咎感脫離不了關係。

　　前文所引「對救贖的恐懼」（T-13.III）那一節已經解釋過，我們企圖用人間的特殊之愛來掩飾我們對上主的特殊之愛，結果反倒遮住了我們對造物主的真愛。每當我們被世上某人或某物吸引時，其實是受到內心對救恩的渴望所驅使，它們才是構成特殊關係或染上癮頭的主要動力。不論特殊之愛的對象是人或寵物，是食物還是毒品、酒精，根本毫無差別，我們只要貪戀任何一物，等於對上主說：「祢的愛與平安無法滿足我，只有這一瓶酒、這一劑海洛因，或這具溫暖的身體能讓我感到被愛、被珍惜，才能消除我心中難以忍受的孤寂。」

　　我不厭其煩地反覆提醒：任何特殊性或特殊關係都

擺脫不了罪咎，因它可說是初始那一決定的餘響，此
刻依舊在人間迴盪，不斷對上主說：「走開！我不需
要祢。祢若不給我想要的那一種愛，我就去別的地方
找。」於是，一個充滿各種物品、目標和團體的世界就
這麼誕生了，而這不過是希望在五光十色的世界裡尋找
祂不肯給出的愛。我們愈是耽溺於此目標，罪咎感就勢
必愈加沉重。

　　為什麼絕大多數的學員都覺得《課程》難學？尤其
是讀到特殊關係的章節時，學員會覺得自己好像偷吃糖
被耶穌逮個正著，好似聽到耶穌說：「我知道你在幹什
麼好事。」其實他既無責備之意，也不評判我們，他只
會說：「我希望你看一看自己在做什麼。」這一點非常
重要，因為如果我不知道自己在做什麼，就無法改變自
己正在做的事。我們在靈修之路常常偷斤減兩而毫不自
覺。小我狡猾得很，「特殊性」這個伎倆已經夠陰險的
了，「特殊之愛」更是一切防衛機制登峰造極之作，它
看起來如此神聖、美好、甜蜜，讓你自我感覺良好。相
較於「特殊性」和「特殊之愛」，「靈性上的特殊性」
則更顯高明了，比如說：「我是奇蹟學員，你不是！」
讓我們覺得自己格外神聖，滿足了我們對特殊性所有的

需求。由於我們是以上主之名行特殊性之實,「修正」起來,尤爲棘手,除非你敢誠實地面對這一意圖,看清自己是如何一步一步與《課程》解離甚至決裂的。

〈練習手冊〉第三百五十八課最後有這麼一句:

願我別忘了自己的虛無,我的自性才是一切。

我們把「自己什麼也不是,自性才是一切」這個眞相,和「自我代表一切」的意識經驗一分爲二,互不照面。不論我經歷到的自己是美好的、崇高的、喜樂的、舉足輕重的、充滿靈性的、神聖的,還是在地球上活得萬般悲慘、失敗、愚蠢、無能、無恥,全都毫無差別。不論活得精采或悲慘,我們都相信自己有個獨立的自我,那麼就不能不障蔽《課程》所揭示的眞相:「願我別忘了自己的虛無,我的自性才是一切。」我們存心障蔽眞相所引發的罪咎感,使得我們更加不敢往內看,深恐一看之下,立即遭到天譴。對天譴的恐懼一旦膨脹到無法承受的地步,我們只好把整個眞相封鎖於意識之外,決心與它徹底解離。由此可知,罪咎本身(應該說是選擇罪咎的決定)才是眞正的禍根,因著它,我們連往內看一眼都不敢了,結果只好繼續把壓抑下去的罪咎

投射出去，造出了眼前的世界，藉以證明「不是我的錯，一切都是他人的罪過引起的」。到最後，我們終於相信了小我展示給我們的那一副「無辜的面容」。

4 高牆消融

問：昨晚我做了一個夢，夢到自己處身在一個好像
我家的地方，其實它並不是。房子後面有座高山，我建
造了一排很長的護牆，防止鼠類潛入庭院。在那群鼠類
中竟然有隻巨大的火龍，我心想：「天哪！我得盡快趕
走這玩意，不論是生擒或轟死。」突然間，整面高牆搖
搖欲墜，眼看就要壓垮房子了，正不知如何是好，就在
慌亂中嚇醒了，忍不住哭了出來。那種感受簡直和昨天
聽你講「解離」的反應如出一轍，那時我沒有聯想到你
所提的那一道牆，現在才猛然一擊，打到心頭。

肯恩：全是我惹的禍！我願為你的夢境負責。這個
有趣的夢不說自明，那正是小我在發出警告：「一旦拆
除這道牆，你必會被火龍吞噬！」其實，真相是你會消
失於上主的心中。對一心想要維繫自己個體性的那一部
分的我而言，上主之心無異於那存心吞噬我們的火龍。
雖然夢中還有其他重要的隱喻，但我覺得這一點才是這

場夢的關鍵，它表達出人心最深的恐懼：「那道圍牆拆毀之後，我會落入什麼下場？」

有趣的是，你在夢中沒哭，反倒是醒了之後才哭的。哭泣，反映出你知道自己仍在推開愛、推開這部課程，想把耶穌與上主推出你的生活，且為此深感內疚。對此，我們全都一樣，懷有深不可測的罪惡感，深到避之猶恐不及的地步，才會在夢中透露隱衷。我們都知道，人類夢境所透露的往往是自己有意隱藏或迴避的問題。我們必須明白，一個想盡辦法拒絕愛的人是不可能沒有罪惡感的。世上所有的人都活在這種罪咎裡，包括了《奇蹟課程》的死忠份子，因為即便是他們，也未必意識到自己其實始終想要迴避《課程》的真實教誨。

這道牆是無法用蠻力拆除的，只能透過化解的途徑。最有效的方式莫過於正視它，而且不帶批判地招認「這道牆是自己為了切斷聯繫而打造出來的」。但請同時記得提醒自己，你因為恐懼而打造了高牆，並不表示你是壞人。希望你還能進一步認出自己不只害怕，而且害怕到神智不清的地步，竟然相信小我之言，以為牆外有一隻大火龍。只要你還相信火龍的存在，便會理直氣壯地守護那一道牆的，因為沒有那道牆，我們心目中的

自己勢必會被火龍吞噬而落得屍骨無存。

　　化解的過程可不是一蹴可幾的事。雖說線性時間屬
於幻相，基於人心中深不可測的恐懼，我們在時間幻相
裡仍需經歷漫長的過程才化解得了那一道牆。這就是為
什麼我們需要反覆閱讀、反覆操練這部課程，正因恐懼
埋藏得太深了。幸好，行之經年，我們與耶穌、聖靈，
或任何足以代表上主之愛的象徵建立密切的關係之後，
慢慢便不那麼害怕面對牆後隱藏的東西了。正文「不敢
往內看」那一節告訴我們：

> 小我高聲命你不要往內去看，否則你會親眼照
> 見自己的罪而遭天打雷劈，以致失明。（T-21.
> IV.2:3）

　　火龍所象徵的正是這個警告，我們往往必須耗費相
當時日，也需要很深的信賴，才擺脫得了恐懼的糾纏，
正視牆後的陰魂。終有一日，我們會恍然大悟，那兒真
的什麼也沒有。

> 萬一你往內看去，卻沒有看到罪，那又如何是
> 好？（T-21.IV.3:1）

　　這漫長過程的第一步，就是得先寬恕自己打造了這一道高牆，存心把上主推出生命之外，與祂切斷關係。請記得，除非你心知肚明自己在幹什麼好事，否則「不帶批判地去看」就顯得毫無意義了。若非你已看出問題所在，否則你豈會去尋找答案？難怪小我一直在慫恿我們「去找，但不要找到」（T-12.IV.1:4），它當然不會告訴我們，我們絕對找不著的。耶穌則為我們指出真相，還為我們解釋了原因——我們找錯了地方。只要我們還想從世界、身體，甚至這部課程索求答案，我們永遠找不到的，因為真正的問題在於我們害怕被愛傷害而不惜與它一刀兩斷。沒錯，愛會傷人，但只有從個體的角度，愛才傷害得了自己這個個體生命。故當我們面對高牆時，不僅應當全然誠實，還必須隨時隨地看到自己是如何與上主脫離關係的。這才是修行的關鍵。

　　關鍵在於面對自己的解離心態之際，必須不帶任何罪咎、判斷，也不再找藉口，或將它合理化，甚至試圖否認；但在同時，卻能看得一清二楚。所謂與聖靈或耶穌建立關係，就是不帶批判地正視小我的所作所為，如此而已，就這麼簡單！千萬別設法改變你的小我，更無需如何大刀闊斧拆毀高牆。你無需做什麼，只要誠實地

正視它就夠了。它之所以穩如泰山，是因為我們根本**不想**看清它；一旦看清它的底細，它便會悄然隱退的。難怪耶穌說，我們心目中那座銅牆鐵壁其實薄如一片面紗，連一線光明都遮擋不了（T-18.IX.5~6;T-22.III.3,5）。

只要我們不再畏懼光明，上述的體驗便會愈來愈深；同樣的，只要我們願意放下判斷之心，對光明的恐懼自然愈來愈輕。判斷、怨懟、攻擊之念一旦減少，罪咎感必然隨之減輕；罪咎感一減輕，光明便能長驅直入了。無需用力拆毀解離之牆，高牆就此自然消融。可還記得耶穌用「靜靜地融入」來描繪這一過程（T-18.VI.14:6）？「靜靜地融入」並不是說身體會融化掉，而是說我們賦予身體的種種價值都會逐漸消融。換句話說，我們不再對身體那麼當真，千方百計讓它健康美麗，青春永駐；如此，身體反而成了心靈學習寬恕的得力助手，而這正是身體的唯一目標──學習教具（T-2.IV.3:1）。身體的價值僅止於這一功能而已。這是「靜靜地融入」之意，不要設法打倒它或抵制它，只需安靜而溫柔地看著身體，那道牆就會慢慢消融的。

再提醒一次，你必須先招認自己真的想要那一道牆，然後進一步認清，正是這道牆將你的生命與真相隔

絕了，這是所有痛苦的根本原因。若非這些痛苦，你一定會死守著那道牆，毫無放棄它的意願。總之，你得先意識到那道高牆所帶來的痛苦才行，因它阻隔了愛的來臨，使你在或親或疏的人際關係經驗不到愛、仁慈與溫柔的臨在。唯有看清這一事實，我們才可能找到自己真正想要的內在平安，而那種平安絕不是世界所能給予我們的。

我們經常聽到奇蹟學員坦承說，他們往往拖到現實生活一敗塗地時，才會想要操練以前學過的奇蹟理念。換句話說，若非問題已經嚴重到不可收拾的地步，他們是不甘操練《奇蹟課程》的。言下之意，好似說要學《奇蹟課程》，得先付出痛苦的代價、做點犧牲才行，但這絕不符合奇蹟的原則。

解除這個矛盾的關鍵，就在「目的」兩字。自古許多傳統宗教，如天主教，極其重視犧牲與痛苦的價值（當然並非只有天主教才有這種神智不清的觀念）。在這類信仰中，受苦屬於上主救贖計畫的一部分，為達到救贖的目的，痛苦本身成了一件好事。我曾聽過德蕾莎姆姆對一群修女說「痛苦是天主之吻」，毋寧說，這種神學觀恰好契合了她在世的使命。相對於此，《奇蹟課

程》認為痛苦是我們抵制上主之愛必然產生的副產品，絕非上主的旨意。再說，聖靈或耶穌也不願我們承受無謂之苦。其實，人間的苦都是源自我們對真理與愛的恐懼和抵制。每當我們受苦時，總會情不自禁地想要證明自己是無辜的，一切都是別人害的，甚至會想：「為什麼耶穌會容許這類事情發生在我身上？」「為什麼《奇蹟課程》讓我這麼不好受？我沒修練《課程》以前活得好好的，如今怎麼做都不對，實在太沒道理了！」這些抗議，歸根究柢不過是上演「無辜面容」的另一種伎倆而已。「為什麼耶穌不助我一臂之力？為什麼上主不消除我的痛苦！」這些抗議，聽起來彷彿挺無辜也挺有靈性似的。

根據《奇蹟課程》的觀點，痛苦絕對是出於自己的選擇。不幸的是，我們在罪咎的驅使之下，逐漸感到痛苦好似具有贖罪的作用以及改正錯誤的效果。要小心，只要我們還認為自己承受的痛苦與不幸並非自己的選擇而是別的原因，就表示我們仍在企圖維護自己的無辜面容；或者認為自己糟糕透頂，甚至神經質地認定自己已到無可救藥的地步，連這種心態都屬於「無辜面容」的另類伎倆，因為你等於在說，你這麼糟糕，都是他人害

你如此的，絕不是你的錯。

《奇蹟課程》確實主張我們無需受苦，而這正是它與其他靈修學派分道揚鑣之處，尤其是傳統的基督教派，特別強調受苦與犧牲的必要；連基督信徒所尊崇的典範耶穌，都得在十字架上受盡苦難，至少在教會宣講的耶穌生平事蹟裡，一向是這麼標榜的。

我已再三釐清，我們的痛苦全都來自內心的抵制，也因此，我們只需正視「那是我的抵制」這一事實，就可以不用繼續受苦了。唯獨如此，我們才有可能心甘情願地放棄那道抵制之牆。請回憶一下我先前引用過的一句話：

> 救恩的祕訣即在於此：你所做的一切全都是對
> 你自己做的。（T-27.VIII.10:1）

可以說，這句話最讓小我消受不了，因它毫不客氣地將「害自己受苦受難的責任」丟還給我們。我們在讀這類奇蹟警句時，往往以為自己不只相信，而且也已經接受了它的說法，然而，一旦發生問題，我們便立即往自身之外尋找不快樂或痛苦的原因。從身體層次來講，我們感到不安或不適的外在原因確實顯得真實無比，但

最終的原因並不在那兒。這也是何以然人類至今未能找到疾病的終極原因，更未能釐清整個人類社會、經濟、政治等種種問題的癥結所在。除非我們徹底化解那「唯一」的問題，也就是人心對分裂的信念，否則人間的問題是永遠解決不了的。

此刻，請記得「普遍」（generalization）原則的運用，不只〈練習手冊〉的導言特別強調，〈正文〉與〈教師指南〉也不時為我們點出它的重要性。正如同任何經得起時代考驗的教誨，自然都會以這個原則為鵠的，全世界所有的老師也都期待自己的學生能將所學到的知識普遍運用於所有的人生場景。我們的導師耶穌更是如此，他衷心期待我們把學到的寬恕理念毫無例外地運用於所有的人際關係。〈教師指南〉一開始就提出人際關係的三種層次（M-3），第一層次包含了所有短暫的邂逅，好比路上撞到的小男孩，或是擦肩而過的路人。第二層次包括了某段時空所發生的有始有末、曾經有過密切互動的關係，例如失去聯繫的童年友伴、過去的師生關係，乃至於治療師與病患的關係。第三層次則指貫穿終生的關係，例如與父母的關係以及自己建立的家庭關係，或是維繫了終生的友誼。在所有的關係中，不論

親疏久暫，對你的普遍運用毫無差別。小孩撞到了你，
而你能不去判斷那個小孩，小我就在那一刻化解了。
你會發現，原則極其單純，只因你著眼的是「共同福
祉」，而非「個別利益」。

> 即使是最不經意的相遇，都可能使兩人一時忘
> 卻他們原本關注的焦點，即使只是剎那而已。
> 那一剎那已經綽綽有餘。救恩已經來臨了。
>
> （M-3.2:6~8）

　　我們為何只聚焦在自己的親密關係而漠視這類萍水
相逢的泛泛關係？如果我們能不去判斷撞到身上的小孩
子，或撞到自己小我的大孩子，或心情不好而忘了為我
們倒水的服務生，在那一刻，救恩照樣來臨，何苦將這
些人生際遇劃分親疏？〈練習手冊〉的立意所在，就是
幫助我們消除種種虛妄的差異性。我們之所以動輒分別
取捨，說穿了，仍是一種討價還價的伎倆。它好似向
耶穌說，我們只願把奇蹟理念用在這人而不用於那人身
上，或只適合某種處境卻不適合所有的事件。請留意心
中這類區分，但不要批判自己。當你發現自己只想以耶
穌的眼光看這一件事，卻不願以同一眼光去看另一件事
時，不妨提醒自己：「我又對耶穌的愛產生恐懼心了，

難怪我會以這種怪異的方式跟他討價還價，其實，這只是我抵制愛的一種伎倆而已。」

耶穌要我們深入覺察所有討價還價背後的動機，這些動機意味著我們存心想要保留某些問題，並不希望全面療癒。又因我們不想讓別人看出自己的用意，故僅僅針對某些問題或某些關係下手，卻絕不去碰其他的問題。我們會在每天某一時段操練《課程》，但並不想把它的教誨隨時隨地且一視同仁地運用於所有的人事物上，這正是我們設法與耶穌討價還價的高明手腕。為了避免惹他發怒，我們還會試圖向他顯示自己是個認真、神聖而且充滿靈性的奇蹟學員，至少我們已經開始操練奇蹟理念了。其實，我們全都心知肚明，自己壓根兒不想徹底解決問題。

大家應當都記得佛洛依德的一個洞見，他發現了自己的病患並不想要改善病情、獲得療癒。不論是生理或心理方面的治療師都知道，病人心中有一部分其實並不想恢復健康，這正是他們的症狀始終不得改善的緣故，這就是我們耳熟能詳的「抗拒」。抗拒心態絕不限於治療師或醫師的診所內，而是隨處可見，它也經常發生在奇蹟學員身上。

　　不論我們多麼不想承認，其實我們在自己的問題中如魚得水，無比悠哉，我們喜歡受到不公待遇，遭受虐待迫害，甚至一敗塗地的感覺。為此，我們若向別人說很討厭自己這麼愛批判、生氣、生病，或沉溺於自己的特殊性，大有可能是在自欺欺人。我們總認為自己不喜歡目前的模樣，很想變成不同的人，事實上，我們一定很喜歡自己目前的樣子，否則此時此刻就不會有如此這般的舉措了。畢竟，這是自己的夢，自己的劇本，我們不只是夢中的英雄那個主角，還是作者兼導演呢！若能看清這一真相，對我們的靈性成長，必定會有關鍵性的突破。在所有特殊關係中，最讓自己痛心疾首的，都與過去的問題脫離不了關係，不論那些受虐或受害的創傷發生於今天下午、昨天或六年前，一點也毫無差別。無庸贅言，誠實地面對這一真相，看清這一真相，絕非輕鬆愉快的事，但我們必須有勇氣面對，而且不予判斷、不懷罪咎正視這一真相。

　　〈新約〉所記載，彼得想效法耶穌在水上行走那個故事，充分反映出我們多麼害怕失去小我。彼得突然意識到自己竟然能在水面行走：「天哪！看看我在做什麼，我不是心目中這個小我了！」此念一生，他立刻

就往下沉。當我們眞心寬恕且願意放下判斷時，也會面臨這樣的恐懼。狀況的產生，可能在處理一段棘手的關係，或面對以前常令自己焦慮或恐懼的處境，凡是我們想要一改往昔的心態與做法之時，一切就彷彿頓時改觀了。那種改變未必顯現於行爲層次，但內心必然大受衝擊，因而無可避免地引發極度恐慌的反應。

呈現這一恐慌的形式十分微妙，可能突然暴飲暴食，或昏睡一整天，或車子出了毛病，或與某人起了爭執。不管是哪種形式，其實都是害怕失去自己的小我的一種表露而已。可以說，愛對我們而言，是如此難以消受，就跟我們在無始之始感到上主難以消受如出一轍。然而，祂從未將我們逐出天堂，是我們把自己逐出天堂的，更好說是我們相信我們把自己逐出天堂的。既然萬事都得看它的目的何在，我們會離開天堂也必然其來有自。推到了終極源頭，無非就是自己感到無福消受那一聖愛而已。尤其在我們愈加認同小我之際，這種無福消受之感勢必鋪天蓋地而來。

有心操練《奇蹟課程》之人，實修到某一程度，多多少少會經歷神聖的一刻，刹那間放下了小我。在那一刻，你對某一段關係或某起事件的感受會明顯地改觀，

但這一感受很快就會退溫，突然的，你會情不自禁想要大吃一頓或大睡一場，甚至發生一些意外。也許你會想起過去的滄桑，或陷入未來的夢想……。總之，它們無所不用其極地阻撓你停留於神聖的一刻。請記得，每當你身陷此境，只需覺察那是怎麼一回事就好了。即使你終究還是忍不住大吃巧克力，但請你至少意識到自己之所以產生這類過度反應，只是因為自己正在害怕心中的平安寧靜，害怕沒有判斷、沒有需求的片刻。如果你的害怕愈演愈烈，你很有可能讓自己生病，以便從中脫身。我先前引用過的第一百三十六課，所傳遞的也是同一觀念：

> 它是當真相乍現於你錯亂的心中而使你的整個
> 世界頓時搖搖欲墜時，你所作的一個選擇，你
> 所想出的一個應對計畫。此刻，你若病倒了，
> 也許真相會知趣地離開，不再威脅你所營造的
> 那個世界。（W-136.7:3~4）

看看吧，只要真理實相一浮現於心中，你就心慌意亂了。這一真相既屬靈性層次，你自然會設法躲回身體裡，讓自己生病或舊癮復發，過去的不公待遇或遭受欺凌的往事不斷迴旋腦海。但請務必記得，不論你作何反

應都沒關係，只要你能看出那些反應下面的感受和先前的平安體驗兩者之間的因果關係，就難能可貴了。例如你讀到《課程》的某些訊息，突然開竅似的非常清楚那就是真相，這一覺知瞬間瓦解了你的防衛機制。然而，一分鐘之後，你發覺自己竟然站在冰箱前面，或手持電話筒，或不知何時打開了電視，正為某則新聞報導勃然大怒，或是你發現自己睡著了，完全忘了剛才那一體驗。

幾乎所有人都有過這類經驗，重要的是，你如今已認清原來是自己的抵制心態在作祟，將你打回解離狀態，和先前經歷到的真理之境完全切割開來。我常在課堂中跟學員開玩笑說：「當你走出通往大廳的這一扇門時，請留意一下心理的變化。這堂課一結束，你聽到的一切全飛到九霄雲外，你又恢復了英雄本色，開始找碴、諷刺、判斷某人，或眼見自己的雙腳直奔餐廳。」你若真想百尺竿頭更進一步，就必須看清箇中的原委，也就是跳出小我的掌控，不再判斷、埋怨、內疚或焦慮那一刻的體驗，以及繼之而來的抵制反應，兩者之間的因果互動。

操練《課程》進步與否，不是看你多麼能壓制小我

的攻擊行為、多麼能抗拒巧克力來衡量的，而在於你能
夠多快意識到「自己又在反彈了」。即使你無法阻止小
我的反彈，只要看清每當自己進入「非小我」之境而體
驗到愛，就會以某種方式抵制那個愛。這一覺察必會讓
你進步神速，因為你已經在靈修路上跨出了一大步。再
說一次，不用壓抑自己的暴飲暴食，除非它直接傷害
到自己或他人，甚至無需禁止自己的反彈或抵制。你只
需正視一下自己究竟在做什麼，心裡十分清楚：「這簡
直神智不清到了極點！我剛剛覺得那麼平安幸福，此刻
卻為自己的暴飲暴食以及自討苦吃而內疚不已。不僅如
此，我還明知故犯，這豈非擺明了自己真的這麼害怕活
在平安與幸福中！」

　　這正是我們唯一需要做的事：不斷有意識地對比
「先前在愛與平安內的感受」和「當前的焦慮緊張內疚
的感受」。兩者的對比愈常出現於心中，表示前後的念
頭或感受之間的距離已經愈來愈近，也表示你終止解離
心態的日子已經指日可待了。當你能完全把幻相帶入真
相，把黑暗帶向光明，你的解離問題自然就會告終。這
讓我想起羅伯佛羅斯特（Robert Frost）的名詩〈修建石
牆〉（*Mending Wall*），開頭一句就是「那兒有一物，不

愛此牆」（Something there is that does not love a wall），所謂「有一物」，其實影射我們的正念之心，它因感受不到指向家鄉的愛之燈塔而快要窒息了，它如此渴望寬恕來為我們拆除這道牆，結束心靈的解離狀態，恢復原有的清明神智。

每一個人都會努力改變自我傷害的行為，藉之減低痛苦的後遺症。然而，總體來說，痛下針砭，並非上策（雖然任何原則都有例外或折衷之道）。我們早就領教過小我遮天蔽日、呼風喚雨的本事，它常會搬出不是問題的問題來蒙蔽我們，讓我們卯盡全力之後鎩羽而歸。別忘了，人間每一事每一物全都是企圖遮掩真正問題的調虎離山之計。我們常以為自己在解決問題，其實根本沒碰到問題的癥結所在，只因我們總想藉著問題而大有一番作為，這種誘惑實在太強了。整個人類社會都以解決問題為目標，我們還常用解決了多少問題作為衡量自己存在意義的標準。

話說回來，有所作為並非壞事，活在人間總得有些作為才能解決人生問題。例如賺錢養活自己，或少做些自我傷害的事、在人間混得有模有樣，諸如此類的。我要說的是，當我們解決問題時，切莫以為自己真的在解

決問題就成了。換言之，我們心裡很清楚世界只是一個
舞臺，眼前所有問題都是假戲真做的一齣戲而已，儘管
我們還能隨機應變，一本正經地尋找假的答案來解決假
的問題（這正是我常說的「為根本不存在的問題找出後
患無窮的解決辦法」），在此同時，我卻能和耶穌一起
觀賞自己的演出。只要我們抱持觀戲的心情，知道那只
是一場鬧劇，而不會被悲劇左右，就知道自己還沒偏離
正道太遠。反之，我們一旦過於入戲，動輒與世間形形
色色的角色認同，表示自己早已岔入了歧途。唯有和耶
穌一起提升到戰場之上，切換自己的身分，我們才可能
笑得出來的（T-23.IV）。也就是說，我們進入了正念之
心，俯視人間種種，知道這只是一場夢，絲毫影響不到
上主之子的生命真相。

　　我們經常把自己的生命看得太重了，不論是自己的
個體生命或自己所屬的族群。社會問題更常演變成生死
大事，比如說，有人深陷生理或心理的苦海時，我會感
到事態嚴重；而世上某一個族群正遭受種種苦難時，事
態就更嚴重了。這就是「夢中英雄」那一節所說的意
思：

　　如果你眼前所見都是至為嚴重的後果，而你又

看不見那微不足道的起因，你便無法把它當作
一個玩笑看待了。（T-27.VIII.8:4）

　　所謂「微不足道的起因」，即是指分裂或罪咎之
夢；「你便無法把它當作一個玩笑看待了」，是說你
很難把世界或自己的一生當作一場鬧劇。環顧一下周遭
吧，你看到的全是與肉體息息相關的「至為嚴重的後
果」，不論是非洲上百萬人死於饑荒與愛滋病，還是成
千上萬的人正在承受炮火轟炸、癌症侵噬、地震海嘯，
以及種種天災人禍，乃至於付不出房貸的尋常百姓。耶
穌知道，只要我們的眼光落在瀕死的肉身，目睹人們暗
地裡或公然地以慘無人道的方式對付彼此，我們真的很
難輕輕鬆鬆地坐在觀眾席，把這些嚴重後果「當作一個
玩笑看待」。然而，要牢牢記得，每當我們眼見所愛之
人身心受盡折磨而感到事態嚴重，只因我們忘了它「微
不足道的起因」，意識不到它只是一個夢，那正是我們
把人生百態從真理實相剝離出來的必然結果。

　　《奇蹟課程》告訴我們，人間的苦難全是幻相，我
們無需癡癡地任它操控自己的心靈，為此，它才會採用
「一笑置之」或「一個玩笑」這類字眼。於是，認真操
練《課程》的我們，一邊閱讀這類說法，設法了解且相

信它們,一邊卻活在與上述說法截然相反的現實世界
裡,終日面對日常瑣事的考驗,也就是哈姆雷特所說的
「上天賦予肉體的上千種自然的驚嚇」。只要打開電視
新聞,看看國內與國際的事件全都慘不忍睹,我們真的
很難面對眼前種種還能微笑以待。這部課程當然不是要
我們嘲笑人間苦難或嗤之以鼻,而是要我們至少試著效
法耶穌的「溫柔一笑」來迎接每一天的來臨。

　　這門功課之所以如此困難,正因我們在《課程》所
揭示的真相以及感官大腦所認定的現實之間打造出一道
解離之牆。我們亟需正視這一事實。連自認精進的奇蹟
學員的我們,對這部課程的教誨照樣視若無睹,才會如
此輕易地為明知毫無意義的事情憤慨不已,或一聽到國
際新聞、職場的變動,自己或家人身體的蛀耗,馬上就
坐立不安起來。容我再提醒一次,煩惱或不安本身並
不是問題,問題在於我們又陷入世間的運作法則,開始
為自己的煩惱找理由或藉口。我們至今已不難了解〈練
習手冊〉「我只受上主天律的管轄」(W-76)這一課,
它明白指出,肉體的法則在人間運作得如此天經地義,
純粹是因為我們相信這一套運作法則之故。為此,當我
們與瘋狂的人間幻術共舞之際,只需記得,夢中這些場

景乃是給我們一個學習不讓它來左右自己心靈的大好機會。僅僅如此而已。

進而言之，我們若認不出那「微不足道的起因」，先前「夢中英雄」那段引文就會顯得格外荒誕不經了。〈正文〉緊接著說：

> 不明原因〔指把瘋狂一念當眞〕的後果，顯得
> 特別悲哀而且嚴重。（T-27.VIII.8:5）

耶穌換個方式告訴我們，世間的慘狀**確實**不忍卒睹，後果也很嚴重。他早已提醒我們，「受驚的人會變得十分凶惡」（T-3.I.4:2），在這個人間夢境的舞臺上，數百萬人死於疾病饑荒，不是因爲缺乏醫藥或糧食，而是亟需醫藥與糧食之人無法獲得援助，或是提供的援助無法及時送到難民手中，而這些事件不可說不嚴重。

一旦正視這些問題，我們勢必忍不住指控始作俑者的壞人或政府，或是怪罪於不仁不慈的家人、見死不救的朋友及同事。自從聖子奧體分裂而且分化爲好人與壞人，善人與惡人，窮人與富人之後，我們目睹許多原可輕易挽回或解除的災難，眞的很難不痛心疾首或義憤塡膺。然而眞正的問題不在於這種二分法及形形色色的苦

難，純粹在於我們早已遺忘了那「微不足道的起因」：

> 不明原因的後果，顯得特別悲哀而且嚴重。其
> 實，它們只是延伸出來的後果。那個毫無來由
> 的起因，才是真正的玩笑。(T-27.VIII.8:5~7)

這些後果可不是開玩笑的。它之所以像是一場鬧劇，不是基於舞臺上演的情節，而是因為它只是冒充真相的一場假戲而已。試想一下，我們在觀看電影時，明知那是虛構的，但情緒還是不由自主地掉入劇情，全然忘了那只是虛構的故事，否則我們大概會對電影興趣缺缺了。我們觀戲時，情不自禁地跟著舞臺或螢幕上的情節而憤怒、焦慮、傷心、快樂、興奮、沮喪，那種經驗能幫助我們體會「解離」究竟是怎麼一回事。你心內有一部分明知那是虛構的（除非你精神不正常），人人都很清楚電影是怎麼製作出來的，舞臺劇是怎麼編寫排演出來的，但這個人人皆知的常識絲毫阻擋不了我的情感跟著演員入戲，這就是不折不扣的「解離」。這一部分的你不會告訴另一部分的你它在做什麼，這也正是我們這群奇蹟學員常常會陷入的窘境。

我們心內有一部分很清楚世界是怎麼搞出來的、身

體如何的虛幻不實，甚至知道「世界是爲了攻擊上主而形成的」（W-PII.三.2:1），因爲它出自攻擊上主之念，我們也知道那一念從未真正發生過（M-2.2）。但是知道這一實情的那一部分，故意不告訴另一部分的自己，任由我們繼續爲周遭事件、自己或他人的表現、電視新聞而憤憤不已。這就和我們坐在觀眾席看電影是同一回事，明知是虛構的那一部分心靈不告訴另一部分的自己實情，我們對此反應全都心有戚戚焉，因它隨時隨地都在生活中上演，不論我們在看電影看電視或舞臺劇，明知那是虛構的，卻壓制不了種種情緒的不斷湧出，還認定都是眼前虛構的世界所勾起的。

　　這經驗有助於我們體會「解離」狀態。我們內心有一部分知道世界是個幻相，肉體極其虛幻，我們也了解爲什麼身體會如此反應。我們了解，因爲我們讀了〈正文〉的教誨「攻擊只是表達內心的恐懼，而恐懼則是向自己所拒絕的愛求助」（T-12.I.7~10），然而，這份了解卻制止不了我們認定自己受到攻擊而設法還擊，制止不了我們湧出一堆的不慈之念，以惡言相對，或報之以冷漠無情的回應。我們並非不明白「只要爲一位弟兄定罪，無異定了自己的罪，甚至定了所有人的罪」，這一

切，我們全都耳熟能詳，只因我們天天用這些話來爲自己洗腦（W-196,198）。

　　長年在《奇蹟課程》的薰陶下，你一定很熟悉耶穌多麼常用**所有**以及**每一**這兩個詞了，例如「我們得寬恕所有的人」，以及「歡迎每一位弟兄進入救贖之圈」。另如「**絕無例外、無所不包**」這類詞彙不斷出現於整部書中，只要搜尋一下，你會很驚訝**所有**與**每一**這類詞句與觀念出現的次數。你很清楚這是眞相，但心內那一道牆將你的心靈一分爲二，互不相通，絲毫記不得《課程》中「無所不包、絕無例外」的教誨，仍然一再不由自主地感到受害，然後發動攻擊，或輕率地批判他人。總之，若想好好體會「解離」的運作，最好的方式，莫過於看電影看電視或新聞之時，細心留意自己內在的種種變化。

　　若用「醒時夢境」與「睡中夢境」作一對比，也非常有助於我們了解上述的觀念。當我們睡著作夢時，夢中一切顯得如此眞實。等到夢醒之後，張開眼睛，才恍然大悟夢中的事件根本不曾發生。一樣的，我們醒時的人生大夢也是如此，但我們心內有一斷層，讓我們認不出這個事實，堅稱睡中夢境與醒時夢境是兩碼事，絲毫

不願等同視之。〈正文〉十八章的「夢境的基礎」那一節特別爲我們點出睡夢與醒夢根本是同一回事：

> 你一生的光陰都耗在夢中。睡時的夢也好，醒時的夢也罷，不同的只是形式而已，内涵則毫無差別。（T-18.II.5:12~14）

讀過《奇蹟課程》的人對這類說法毫不陌生，但是，早上張開眼之後，我們全都根據「醒時之夢與睡時之夢大不相同」這個原則來過活。不論這部課程提醒我們多少次「每個人的一生都是自己編織的夢境」，我們仍舊認爲自己是那些外在事件的受害者，完全忘了這是自己一手打造出來的夢境。〈正文〉中「作夢之人」與先前引用過的「夢中英雄」這兩節，已將這一觀念闡釋得淋漓盡致（T-27.VII,VIII），我們就不再贅述。

耶穌的目標就是把我們變成「清明的夢者」，而不是只在睡夢中保持清明而已。所謂清明之夢，在一般人的觀念中是指睡覺時知道自己正在作夢；但在《課程》的界定下，清明之夢的最高境界已經進入了「眞實世界」──你清清明明地覺知世間的種種只是一場夢，它們絲毫影響不到眞實的你。

　　《課程》說，我們可能在彈指之間徹底覺醒，問題是，我們並不想這麼快覺醒，正因如此，我們才建起這道解離之牆。否則，我們只要遵循《課程》的指示，朝乾夕惕地操練寬恕，放下自己的判斷與愛恨交織的關係，便能從夢中覺醒（這裡指的是心態上的放下，而非要我們放棄現實生活中的親密關係）。這原本就是我們此生的目標，然而，我們內心始終抓著對自己與對他人的判斷不放，表示我們其實並不想達成那個目標。是的，我們若真想覺醒的話，必會按部就班地操練寬恕的功夫；我們如今卻背道而馳，不過充分表明了我們根本不想完成目標。難怪〈正文〉會毫不留情地點破這種矛盾心態：

> 目的需要方法才能達成，你若想要達到目的，總得接受它的方法才行。你若說「這是我最想要的東西，可是我不想學習獲得它的方法」，表示你根本缺乏誠意。（T-20.VII.2:6~7）

　　我打個比方來闡釋這一觀念。我說好要登門拜訪你，但心裡實在很不想去。由於我不知道府上在何處，你遂給了我一個相當明確的路徑，但我一不留神轉錯了彎，迷路了。無需心理學博士，誰也不難看出，我找不

到朋友的家，是因為我根本就不想去。縱然你提供了最
明確的路徑，我卻偏偏轉到另一方向，你明明告訴我向
右轉，不知怎的我卻向左轉了。你給了我抵達目標的途
徑，問題是我並不想抵達目標，於是，我果然到不了目
的地。

耶穌講得不能再清楚了，若要獲得平安、從夢中覺
醒而返回家鄉，唯有寬恕一途。〈練習手冊〉第一百八
十九課的結尾有一段很美的禱詞，開頭是這樣說的：

> 天父，我們不知道通往祢的道路。
> （W-189.10:1）

我們不知道正確的路，但上主（此處是指聖靈）給
了我們一條明確的寬恕之路。如果我們轉錯了彎（也就
是說我們選擇判斷而不願寬恕），表示自己並不想抵達
目的地。我們若不想去拜訪那人（那人代表了自己愛恨
交織的特殊伴侶），儘管耶穌講得多麼明確，你該以何
心態與他交往，只因我們並不想與上主恢復聯繫，自然
會把目的與方法一刀兩斷，讓自己達不到目標。對這樣
的「內幕」，我們千萬不可掉以輕心，因為這正是我們
始終感受不到《課程》所許諾的平安之關鍵所在。

　　我們每天醒來，是同樣的一具身體，鏡子裡顯示的也是同一個人，每天看到同樣的景象，做著千篇一律的事情。我們每天如何修飾這具身體，其實一點也不重要，重要的是，好好留意一下自己例行公事地照顧身體之際的心態，我們是否又在判斷？是否還抓著舊怨不放？我們唯一需要操練的就是覺察自己正在判斷，而且承認自己並不想看清此生所有的經歷純粹是出自「微不足道的起因」，故而與那起因切斷了聯繫。那也是一種「解離」的方式。這正是小我對「小小瘋狂一念」的解讀方式，我們一與此「因」切斷了聯繫，便只能面對它的「果」了，這個「無因之果」自然顯得嚴重無比。說穿了，整個世界就是一個巨大無比的「嚴重後果」，而種種小小的「嚴重後果」也會層出不窮地湧現於自己的人生中。

　　這部課程若令你害怕，不必感到罪過；但你若假裝不怕，反倒犯了一個嚴重的錯誤。因你明明害怕卻裝得若無其事，表示你連化解恐懼的機會都沒有了。活在世上的我們都受制於過去，如今，《課程》要我們「重生」，也就是由另一角度重新認識自己，這對小我是一件很恐怖的事，因為它會撤除自己的過去。沒有了過

去，表示沒有問題也沒有歷史，那麼，連內心的怨尤都無處立足了。這正是「對救贖的恐懼」一節所傳達的訊息（T-13.III），我先前已解說過。下一段引文則進一步指出我們害怕的，其實就是那個光明：

> 光明一臨近，你便即刻躲入黑暗，迴避真相；
> 有時你會退縮到比較輕微的恐懼中，有時你會
> 陷入劇烈的恐怖裡。（T-18.III.2:1）

當你投奔光明之際，腦殼背後好似被敲了一記，瞬間又陷入黑暗中，發覺自己竟然喝得酩酊大醉，或是舊癮復發，或是突然感到餓得發慌，明明前一小時才吃過飯。並不是你的胃想找食物來滿足世間最低的生存機制，而是你的小我藉著渴求食物來抵制你先前感受到好似被上主之愛餵養著的那種平安（W-50）。那道光明強烈得令人害怕，我們只好抓張毯子把頭蓋住，縮到黑暗裡。如果我們絲毫意識不到自己的反應，就會不自覺地以這有害的方式繼續反應下去。但如果我們很清楚自己的反彈模式，總有一天，我們必會看清，活在分裂、特殊性與怨恨的黑暗之中那種痛苦，以及放下與小我的認同之後的無比平安，兩者簡直有如天壤之別。

下面這一段話，也是我常常引用的：

你若不以評判的心態對待自己及你的弟兄，那
種如釋重負的平安絕對超乎你的想像。（T-3.
VI.3:1）

　　嚴格講，這句經典之言並非百分之百的真實，因為
我們心裡有一部分是知道的；正因我們知道，才會設法
逃之夭夭。判斷其實和疾病一樣，都是抵制真理的一種
手段（W-136），它最厲害之處，就是借此顯示自己「無
辜的面容」。它會說：「我確實批判了你，但瞧瞧你幹
的好事，豈非罪有應得？你在高速公路上搶我的道、你
拒絕了我、你虐待了我……。」不論是最親密或無足輕
重的關係，只要你有一絲罪行，我就有權發怒。這是
小我防衛體系最高明的一招，它企圖藉之掩飾「我判斷
了你／我寧可與上主分裂／我又在推開耶穌的愛了」這
一選擇，為此，我絕不能放棄「判斷」這個防衛武器，
因為唯有如此，我才能把罪罰投射到你身上而讓自己脫
罪。

5 終結解離心態

　　耶穌在〈正文〉第十四章「分享聖靈的知見」一節中，為解離心態提出一個解決方案，尤其從第四段開始，可說是這一方案的精髓所在。切莫忘記，解離的目的原是想把心中所怕之物隔離出去；而被我們隔離的，推到究竟，其實就是愛。只因個體生命的價值一碰到愛就消融了，為此，我們寧可與愛隔絕，使解離之心永不得療癒，唯恐兩者一照面，光明便驅除了黑暗，也一併消融了自己的特殊存在。於是，我們決定與心靈全面解離，物質世界乃於焉成形。耶穌因勢利導，藉用這個相同的世界，教導我們如何看才得以回歸心靈，因而這個世界成為我們學習重新選擇的最佳道場。只要我們試著將本課程一體不二的形上教誨套用於日常生活的所有人事物，同時不再讓世間的幻相奪走內心的平安，我們便能終結「自己與奇蹟課程」解離的心態。唯有如此，這部課程才可能幫助我們完成最終的目標。

（T-14.VII.4:1）我們再三強調過：你該把「不可欲」帶到「可欲」之物前，把你「不想要的」置於「想要的」之前。

此處特別強調「把『不可欲』帶到『可欲』之物前」，就是我們常說的，把幻相帶到真相前，而不是把真相帶到幻相裡。為此，我們切忌將耶穌拉入人間的舞臺，而這正是世界行之已久的伎倆，它想盡辦法把真理帶入幻境，企圖修正幻相，才好將它弄假成真。對此，我們只需誠實地**正視幻相**，這等於把幻相帶到真相之前，幻相自然就此銷聲匿跡了。可以說，奇蹟並非著眼於真理之境，而是要我們「面對人生慘境」（W-PII.十三.1:3）。因為只要我們敢面對人生慘境，等於把慘境帶到聖靈前面，仇恨的暗夜必然隱身而退。試問，黑暗一碰到光明，豈有存在的餘地？而這正是小我最害怕的，它深恐自己那充滿罪咎與判斷的思想體系，一經燦爛的寬恕慧見光照，便會一逝不返。

（4:2~4）這是你得救的唯一門路，只要你深思一下「切斷聯繫」的真正企圖，就不難明白我說的道理了。「切斷聯繫」，不過是一種扭曲而變態的思想模式，它企圖保住兩套無法並存的信仰體系。你只要將兩者同置一

處，便不難看出自己是不可能同時接受兩者的。

我們存心切斷的，其實是我們對基督一體自性的記憶，我們將它隔絕於自己這個分裂的個體生命之外。只因分裂與一體無法並存，我們必須讓兩者永不照面，免得它們一碰頭，落於「自己不可能同時接受兩者」之窘境。不說也知，哪一個會識趣而退？為此，我們真正害怕的其實並不是上主之愛，而是擔心虛幻之我一被帶到真相前，後果不堪設想。

終究而言，沒有人會害怕愛的，反正世人根本不可能了解愛是什麼，我們豈會害怕自己一無所知之物，更別說了解它究竟是怎麼一回事了！小我這個分裂之我早已意識到自己在愛中毫無立足之地，這特殊而個別的我，一碰到真愛就消融了。這一現象若套用於人間，可以這麼說，我們的怨恨一與耶穌的愛照面，當即消融了。然而，除非我們已修到階梯的頂端，否則我們不會立刻失去整個自我，所失落的，只是那個憤怒、內疚、焦慮、悲哀、備感卑微、遭受不公待遇的自己。是的，消融的便是那樣的「我」。此後，我們每天攬鏡自照時，看到的雖然依舊是同一具身體，它卻滿面笑容，不再為每天的挑戰感到沉重無比。終有一天，整個幻相都

會被帶到真相前而全面消融。同時，我們也大可安心，因為在人生夢境裡，只要我還認為自己活在世上，消融的只會是那充滿罪咎與痛苦的妄心之我而已。

(4:5) 然而，若有一方隱身於黑暗中，這一分裂狀態好似能為雙方保住同等的真實性而共存下去。

這幾句話可說給了「解離」一個扼要清晰的註腳。小我必會自圓其說：「沒錯，你確實與愛隔絕了，但這是不幸中的大幸，否則愛會徹底毀滅了你。」由於我們對愛如此無知，只好對小我的說詞照單全收。同理，既然無人知道上主的真相，我們也只好相信《聖經》裡充滿特殊性的神話故事，很少人敢進一步質疑它對造物主荒謬無比的描述。只有諾斯替派（Gnostic）曾經提出抗議。他們巧妙地把〈舊約〉描繪的真神特質，包括祂的怒火、善妒、謀殺、滅族等等癖好全部濃縮在一句反問的話裡：「這種神配稱為真神嗎？」沒有錯，我們每一個人都應該如此反問，這種神配稱為真神嗎？但我們不敢，因為祂是我們的神，是自知罪孽深重且必遭天譴的人類心目中至高無上的神。難怪小我慫恿我們應該跟這種神斷絕關係，它甚至認為在心內跟祂一刀兩斷還不夠，因為祂很可能隨時突破我們的心防。上上之策，便

是打造出另一個世界，作爲人類群體的避難所；再打造一具身體，充當個人的避難所。如此一來，我們才可能高枕無憂，繼續悠哉悠哉混下去。

這就是我們對身體如此執著的根本原因，連修行都得把身體與世界拉進來。想一想，如果連上主和耶穌都有一具身體，那表示身體一定眞實無比。這一招可說是小我最高明的自保之道。我們一旦把神拉入幻境裡，祂就不再是上主了，幻相反倒被聖化了。於是，地球在人們的心目中變得無比神聖，身體也成了上主的奇妙造化。根據《奇蹟課程》的觀點，這一切全是無稽之談，因它徹底否定了上主的實相，企圖肯定虛幻的個體生命。可以說，「解離」的目的就是爲了保全上述的瘋狂心境，讓兩套思想體系「王不見王」，再讓身體與心靈一刀兩斷。

(4:6~8)**因此，你很怕它們碰面，因為它們一旦相會，就會逼得你不能不放棄其中之一。你無法同時活在這兩套體系下，因它們相互否定。兩者若避不相見，你便無從看清這一事實，因它們的背後都有你頑強的信念支撐著。**

　　自從我們讓小我得逞，甘願跟上主或聖靈隔絕之後，就不可能不相信那整套謊言了。換句話說，我們遺忘了聖靈的存在，遺忘了自己原是上主之子的記憶，所剩下的，唯獨小我的思想體系。於是，小我堂而皇之地坐大，成了上主的代言人。這就是我們所說的**非此即彼**的原則——我們只能相信其一。這是真的，我們永遠不可能同時相信兩者的。

(4:9~10)唯有同置一處，它們水火不容的事實才會當下現形。其中一個必須退下，因為另一個已佔據了它的領地。

　　這正是小我最怕面對的事實。為此，我們不難明白，為何寬恕成了本課程的核心宗旨，因只有它能化解分裂，終結兩套勢不兩立的思想體系之間的隔絕狀態。這種分裂之傾向，在人間可謂俯拾皆是。基於個人的需求與特殊性，人與人之間不斷地分化；又基於種族、信仰、社群、經濟、國家及政治理念的不同，族群與族群之間也不斷分化。所有這些現象，不過反映出我們企圖讓聖子奧體繼續分裂的決心，才會故意把心內的正念與妄念相互隔離，深恐兩者一照面，個別之我就無以立足了。因為自我必須倚賴幻相與真相互不照面才有存在的

餘地,而且,也唯有如此,「分裂才是真相,一體乃是謊言」的信念才得以繼續在人間運作下去。

要明白,世間種種光怪陸離的現象其實都發生於心靈內,了知這一點極其關鍵,不論重複多少遍都不爲過。看吧,我們身體之所行、所想,甚至所感,無一不是上述的妄心運作而呈現出來的一些表徵而已。

(5:1)只要心靈仍相信黑暗、依戀黑暗,光明便不可能照入。

請注意,這一句話至爲重要。道理很簡單,倘若我們不想要光明,光明自然無法進入黑暗的世界。我們之所以不要光明,只因我們相信了小我的謊言,以爲上主的光明會置我們於死地,才會避之猶恐不及。耶穌的教誨帶來的最大挑戰便是要我們揭發小我的謊言,把小我教的那一套化暗爲明。它那一套確實是徹頭徹尾的謊言,因上主根本不可能作此想,祂既不知懲罰,也不可能與我們分開,更認不出不可能存在之物。上主只知道愛,原是靈性的我們正是這個聖愛的一部分。這是祂唯一知道的,其他的信念全是我們自己捏造出來的。

試想,我們若不願相信也不甘承認舊有的一套都是

自己的妄造，我們豈會甘心接受光明的來到？難怪世間
流行的形形色色靈修，所修的往往是各式各樣的特殊
性。這類小我式的靈修之所以得到世人青睞，正因它的
神明承認世間二元幻境的真實性。世界最怕也最難接受
的，反倒是一個不與世界沆瀣一氣的真神。可以說，上
主的「不插足其中」，其實恰恰反映出一體不二的思想
體系，它所揭示的精神，與東方靈修的無上心法頗為相
應，反而在西方的靈修領域中幾乎聞所未聞，這是因為
西方的傳統信仰基本上屬於基督教的二元論。

**（5:2~5）真理不會與無知爭鬥，愛也不會攻擊恐懼。凡
是無需防衛的，就不用為自己辯護。自衛是你自己造出
來的把戲。上主對此一無所知。**

　　這一小段話也同等的重要。「真理不會與無知爭
鬥」，只是光照著它，直到它自然隱去為止。我們若奮
力抵制無知，反倒把它弄假成真了，這正是世界的問題
層出不窮、永不得解的根本原因。想一想，連一心追求
烏托邦的人，最終也莫不理想幻滅，不論他們多麼努力
去跟不好或不對之事抗衡，然而，問題往往未見好轉，
反而愈顯嚴重。可還記得這句話，奇蹟「只是一邊面
對人生慘境，一邊提醒人心：它所看到的景象全都虛

妄不實」（W-PII.十三.1:3）。是的，奇蹟無意去改變世界或跟世界抗衡，奇蹟「只是觀看、等待、不評判」（W-PII.一.4:3）。

請記得，這部課程從不著眼於行爲表現。只要你喜歡，你想爲什麼理想獻身，要參加什麼運動，全部無妨，但唯獨的，你必須能夠不仇視也不批判意見相反的另一方。不過，那可不是容易的事，要是不在寬恕多下功夫，勢必會在這個二元對立的世界愈陷愈深，而你期待世界改善的機會就更加渺茫了。所有烏托邦理想之所以功虧一簣，就是因爲他們未曾直搗黃龍，也就是未曾面對原始之念，在那個層次裡，外面根本沒有任何一物，故也無需作任何改變；唯一**有待**改變的，僅僅是內在這個心靈而已。我們一旦生起改變外境的念頭，接下來，不僅解除不了解離的心態，反倒是助長了它的氣燄。

歸根究柢來說，世界的問題究竟出在何處？不在那些慘絕人寰的事件，而是世界本身。更好說，我們對世界的信念才是一切的禍端。你若仍想改變世界，或企圖與它抗爭到底，卻絲毫沒有改變自己心態的意圖，那麼，你自己便已淪爲問題的一部分了。其中暗藏的玄

機可算是小我最爲得意的陰險招數，沒有錯，小我最喜歡烏托邦式的理想了，因它們看起來如此空靈神聖，極易落入小我預設的陷阱，使世界永無改觀之日。不過，話說回來，這並不表示你不該參與世間的事務。既然身爲國家或世界的公民，又有一具身體，你理當去做自己覺得該做的事情。但需謹記在心，不管你參與哪一類事務，都不可批判任何一方；只要判斷之念一起，你立即淪於孤軍奮鬥。反之，如果能放下判斷片刻，你即刻會感到聖靈與你同行。這才是我們最難做到的事。

世間慘絕人寰之事總是層出不窮，說穿了，**世上無一事不悲慘**，只是呈現的形式有所不同而已，有些悲劇血淋淋地直逼眼前，有些則無聲無息，不易覺察。我們甚至可說，凡是來到人間的人，無一不殘忍，人人爲了滿全個人的特殊需求，不僅毀滅了天堂，而且還拂袖而去。光是這種想法本身，即是殘忍至極的。只不過有些人蒙昧不自覺或善於掩飾，有些人則赤裸裸地展現種種的殘酷之念。總之，你我需要改變的，並非世間的殘酷，而是我們心裡早已認同的殘酷之念。如果不能正視這一點，人間是永無出路可言的。

現在，跳到第六段，耶穌具體又明確地爲我們指出

因應之道。這類提示在整部課程裡其實俯拾皆是。

(6:1)聖靈僅僅要求你一事：與祂分享你封鎖在心底的所有祕密。

這句話可說是一語中的。將你鎖在心裡不敢讓聖靈知道的每一個祕密，都交到聖靈手中，你無需在這個世界造就什麼豐功偉業，或日日閉關冥想。唯一必修的功課**只是**往心內看去（這就是〈練習手冊〉一開始的「導言」所強調的省察內心），將自己心內最黑暗的罪、咎、懼之念全都交到聖靈手裡。

(6:2)為祂開啟每一扇門，邀請祂的光明驅散你心中的黑暗。

耶穌在〈正文〉第四章也如是提醒我們，務必要對自己非常誠實，而切莫隱瞞任何祕密：

> 你在這事上必須對自己非常誠實，我們之間不能有任何隱瞞。只要你真有此心，你就已經邁出了第一步，為至聖者的來臨備妥你的心靈。（T-4.III.8:2~3）

請注意，耶穌從未說我們不該有那些念頭，他只是

要我們別再掩飾、別再隱瞞，如此而已。他好似溫柔地
對我們說：「跟我坐在觀眾席中，一起正視你在舞臺上
所有的起心動念，那些黑暗、恐怖，以及充滿罪咎之
念，全都不要怕讓我看到，因為你愈想掩藏，它們會變
得愈加真實，你就愈難化解它們。唯一化解的途徑，就
是**不再判斷**，將它們置於我的愛與光明中就夠了。」這
與「操練神聖的一刻」那一節，有著異曲同工的旨趣：

> 神聖一刻的必備條件並不要求你的每個念頭必
> 須全然純淨。但它會要求你別再存心隱藏任何
> 念頭。（T-15.IV.9:1~2）

顯而易見的，小我任何的不淨之念本身**不是**問題，
而是我們因之生出的罪咎，才讓那些不淨之念變得嚴重
無比，以至於不得不趕緊把它們壓到潛意識下，使得自
己的內在導師（即正念之心）無從對症下藥。

**（6:3~4）祂樂於應你之邀而來。只要你敢向祂揭開每個
黑暗的角落，祂的光明便會進入。**

這就是修正的過程。聖靈等著我們的求助與邀請，
但除非我們向祂開啟心靈最黑暗的角落，否則祂絕不會
衝破我們緊閉的心門而長驅直入的。也許有人會問，我

們連自己有顆心靈都不知道，又如何察知深藏在心底的陰森念頭？答案非常簡單，只要看看我們跟別人互動時所生出的判斷與攻擊之念以及種種特殊的需求就夠了。只要正視一下，不難看出它們真的陰暗無比，不論我們設法為它們套上什麼神聖的光環。任何一點點分別的傾向，就足以反映出小我的陰森可怕。為此，切莫對自己跟他人的互動，或自己對他人的看法掉以輕心，那正是我們需要求助的關鍵。唯有耶穌能夠幫助我們看清，眼前之所見不過反映出內心所選擇的黑暗之念罷了。我們唯恐自己那陰森的自我概念經不起光明的照耀，便萬分害怕光明到來；又因著對光明的恐懼，我們終於選擇了黑暗。

這是我們唯一必修的功課，沒有比這更簡單的事了。要知道，若非自己內心的抵制，它本來是輕而易舉的。平日不妨多多留意一下，自己多麼容易一轉頭就忘記這一事實，然後任由自己的問題變得複雜無比。這正是抗拒心態的作祟，而我們的首要之務便是好好留意內心的抗拒，誠實地將它交託給耶穌。

（6:5）你若仍存心隱瞞，祂也不會窺探你的隱私。

　　這一句話道出了我們企圖掩飾小我思想體系的眞正原因。我們心知肚明，一旦將它交給耶穌，它便會在耶穌與我們的眼下消失於無形，而那個在咎與恨中打造出來的自我概念也會隨之化爲虛無。想想吧，我們不可能期待耶穌講得更明白了，要終結我們與眞愛以及我們與《課程》教誨的解離心態，這乃是唯一的途徑。

（6:6）他只能為你而看，除非你願意與祂一起面對，否則祂不能去看。

　　換句話說，我們若不願和耶穌一起面對陰影，他是無法代我們出馬的。這句話也等於告訴我們，我們需要他，他也一樣需要我們（T-8.V.6:10）。當然，耶穌需要的不是我們的小我那一套。他要強調的是，除非我們向他求助，否則他眞的愛莫能助。當初，若非比爾和海倫走投無路，決心爲他們的關係尋找「另一條出路」，這部課程是無緣來到人間的。他們倆人的共同決心等於爲耶穌開啓了大門，他才有機會進入他們衝突迭起的心靈，帶來療癒的機會。

　　倘若你眞的在內心感受不到這種完全不帶判斷的愛（不論它必須藉著耶穌或上主之名），原因只有一個，

就是你害怕這種愛。但即便如此，並不表示你是個壞人，僅僅只是透露出你對愛是如此的恐懼而已。這個自知之明至關緊要，表示你終於承認了：「儘管我努力研讀、努力操練這部課程，但有一部分的我，真的很害怕這部課程，難怪我體會不到耶穌說的那始終在我內的平安與真愛，我很想把這一部分的我剔除出去。」缺少了這樣的自知之明，我們很可能會像海倫一樣，怪罪耶穌或這部課程，百般不甘願承認那一平安始終在那兒等著我們接納它。然而，事實上，是我們自己的抵制才使得平安無法進入我們心中的。

耶穌要我們把所有陰森念頭交託給他且用他的眼光去看，他說得如此委婉：「把那些陰森的念頭交託給我吧，你無需放棄它們，也無需處理它們，只要跟我一起正視它們就夠了。」

（6:7~8）基督的慧見不只是為聖靈而設的，更是為祂與你一道準備的。因此，把你暗中隱藏的一切念頭都帶到祂那兒，與祂一起去看吧！

顯然，這就是寬恕或奇蹟的真諦。無需焚香、持咒、誦經，耶穌告訴我們，只需與他一起正視幻相便綽

綽有餘。就是如此不懷判斷的看，便啓動了療癒的過程。他反覆地說：

（6:8~10）因此，把你暗中隱藏的一切念頭都帶到袖那兒，與袖一起去看吧！袖充滿了光明，你內則是一片黑暗。當你們兩個一起正視時，光明與黑暗便無法並存了。

　　只要把黑暗帶入聖靈的光明，便能結束我們的解離心態。然而，小我始終慫恿我們把聖靈請到人間，爲我們解決世界的問題，要袖針對「我們的」世界量身訂做一套修復計畫。只因我們害怕袖和我們一起深入內心世界，發現問題的眞相，揭發我們寧可選擇跟罪咎認同這個事實。耶穌在〈正文〉裡早已提出了這一忠告：

　　我們一起深入探討小我思想體系的時刻到了，只要我們同心協力，這盞明燈便足以驅散小我的陰影；你既已明白，小我並非你之所願，表示你已準備妥當了。我們會在「小我的運作模式」這一課深入一段時間，只因你已將它弄假成眞了，若想超越過去，不能不先正視它的存在。讓我們靜靜地一起化解這一錯誤，方能越過錯誤而一睹眞相。（T-11.V.1:3,5~6）

（6:11）祂的判斷必然無往不利，但你得把自己的知見融入祂的知見，祂才能給你祂的判斷能力。

除非我們真正看清了自己的判斷對自己真的百害而無一利，才會甘心負起責任來，將舊有的知見轉為聖靈的慧見，將內心的黑暗帶入祂的光明。否則，我們真的非常擔心聖靈的判斷會推翻我們的判斷。容我再說一次，我們無需放下小我，除了帶著沒有恐懼與判斷的眼光正視它以外，什麼都無需做。問題是，小我仍會不斷用它那充滿罪咎懼的思想體系向我們耳提面命。若以小我的眼光去看那套思維，確實可怕無比，尤其是看清了我們的罪過所觸犯的不是別人而是至高無上的神，我們全身每個細胞都會為此滔天大罪而生出沉重的罪惡感。因為我們犯的罪不光是偷糖被逮到，而是我們把整個天堂毀掉了！維繫肉體生存的每一口呼吸，都在提醒這一罪過，「上主不毀了你是絕不甘休的」。這一信念常令我們不寒而慄，還有誰敢回頭去翻這筆舊帳？

請再看看前文引過的「不敢往內看」那一段話：

> 小我高聲命你不要往內去看，否則你會親眼照
> 見自己的罪而遭天打雷劈，以致失明。（T-21.
> IV.2:3）

　　這是「上主必會毀滅我們」的一種描繪手法。我們對此深信不疑，自然不敢往內瞧個究竟，只好向外另謀出路，於是，一具只能向外（也就是心外）看的肉體就這麼打造出來了。為此，耶穌才會借力使力，教導我們如何把外在的虛幻景象轉為回歸內心的「康莊大道」。唯有改變先前選擇了小我的那個決定，療癒才可能發生。

(7:1) 與祂一起去看吧！如此，你才可能由祂那兒學到直指真知之境的知見與詮釋。

　　這兩句話指出了由妄見轉向正見的過程。當正見化為一道柔光時，表示我們已跨入了真知之境。隨著內心的抵制逐漸減弱，這條回歸聖境的旅途自然就漸漸輕鬆而愉快了。

(7:2~4) 你沒有單獨去看任何事情的能耐。上主既然賜給了你聖靈，自會教你如何去看眼前的一切，接下祂賜你的知見吧！你就會認出，自己是看不出任何一物的意義的。

　　我們若想認清萬物的真相，必須先意識到外在的一切均是內心的投射。「看不出任何一物的意義」，是不

與耶穌一起去看的結果；它也影射出萬物共通的潛藏價值——它們不是反映真相，就是反映幻相。換句話說，在真實知見或基督慧見下，世間的每一個人，每一個表達，不是愛的流露，就是向愛求助（T-14.X.7:1）。絕無例外！

（7:5~7）唯有與祂一起去看，你才可能看出所有的意義，包括了你的存在；不要用雙重眼光去看〔小我及聖靈思想體系〕，你得學習把萬物融入一個意義，一種情緒，以及一個目標才行。上主只有一個目標，祂已分享給你了。只有聖靈賜你的唯一眼光才能幫你的心靈看出萬物一體；這一體性如此光明燦爛，即使給你整個世界，你也不會放棄上主所賜的這一禮物。

請留意「一」在這一段中出現的次數：**一個**意義，**一種**情緒，**一個**目標，**唯一**眼光，**一體性**。「一體」本身等於宣告了小我遊戲的結束，從此，每個人每件事在我們眼中都成了同一回事，它們只有一個目的，就是幫我們療癒自己的心靈。心靈若獲療癒，愛自然會流經我們的思想言語行為而造福人類。是的，倘若我們真心想要結束人間的痛苦，唯一行得通的，便是從自身下手。眾生確實都在受苦，而如果我自己也活得很苦，對大家

一點好處也沒有。關鍵是，如果我還認定每個人全是互不相屬的個體，人類只好繼續這樣苦下去了。

　　爲此，耶穌才會拜託我們向他求助，終結**我們**的痛苦。唯有如此，一直被痛苦窒息的愛，才有機會流經我們而將每一個人都擁入他的唯一慧見及共同目標之中。也唯有在這個前提下，人類與世界的療癒才可能露出曙光。請記住，真實的療癒絕非來自外力的干預；同理，不論外在有任何改變，純粹是因爲我們改變了自己心靈內那個「肇因」所呈現的「後果」而已，這也表示心靈終於選擇不再相信分裂與罪咎而轉向愛與合一了。

6 正見與眞知

　　最後，我要引用〈詞彙解析〉「正見——眞知」的
內容作爲本書的結論。這一段畫龍點睛地爲我們指出
「解離」的化解之道，教導我們如何瓦解小我存心將我
們與心靈、聖靈以及上主之愛隔絕的企圖。現在就從第
六段開始。

（C-4.6:1）正見帶給人的正是這一轉變：

　　「寬恕的三步驟」是我經常提起的，因此，大家應
該早就耳熟能詳了。從小我的罪咎和攻擊轉化成聖靈的
寬恕，這個過程可濃縮爲三個步驟。第一步驟即是：

（6:1）過去被投射於外的，如今他都由內看清了，……

　　想要做到「由內看清」，途徑無他，每當我們一落
入煩惱、焦慮或恐懼之刹那，立刻向耶穌求助。耶穌告
訴我們，眼前的一切外境全是內心的投射。這正是奇蹟
的宗旨所在，它反覆重申，我們的確是作夢的人（即心

靈），而非夢中的角色（身體），夢中的種種情景全都虛幻不實（T-28.II.7:1）。深刻了解這一點，第二步驟自然水到渠成。

(6:1)……寬恕就在那兒〔心靈〕消除了它的蹤影。

我們始終會把罪咎投射到他人身上，而且不時發動攻擊，使得罪咎在自己心中更加根深柢固。爲此，第二步驟必須正視心內這個罪咎，同時承認我們對他人的攻擊及種種罪惡感全是自己一手打造出來的。我們一旦不再依戀或相信罪咎的價值，它便悄然隱退了。

(6:2)他在那兒築起了一座獻給上主之子的祭壇，他會在那兒憶起自己的天父。

《奇蹟課程》每次提到祭壇，幾乎都是「抉擇者」之象徵。抉擇者所面對的祭壇，若非滴著小我的罪咎之血，就是覆蓋著寬恕的百合。

只要我們決心忘記小我而憶起聖靈，也就是解除我們慣常的解離心態，就會目睹上述的幸福美景。在那一刻，我們的內裡懷著聖靈，站在祭壇前，小我悄悄退下，上主的記憶便開始由這療癒的心靈中甦醒。表示心靈再也沒有解離的必要，分裂之夢自會回歸它本來的虛

無源頭，我們先前自甘遺忘的真相便在我們的意識中悠然甦醒。

(6:3~6)**在這兒，一切幻相都被帶到真相前，安置於祭壇之上。凡是從外面所看到的問題，寬恕對它愛莫能助，因為它們看起來永遠都是罪不可赦。凡是從外面看到的罪，你對它一定束手無策。有什麼妙方解除得了人的內疚？**

　　問題之所以始終解決不了，全因我們一心希望問題都出在外頭。這種心態背後的目的，其實正是想保全與眾不同的自我概念。然而，罪的問題必須帶回心靈內才解決得了，因為當初正是心靈醞釀出它而且把它弄假成真的。我們一旦識破罪的虛妄，原先仰賴信念而存在的罪咎自會消融於無形。為此，只要把自己的焦點放回心靈，就表示我們已經決心重新評估先前的決定，不再相信那套讓我們在人間活得苦不堪言的信念。從此，心靈的力量就自然轉而為耶穌的寬恕教誨效力了。

(6:7~10)**但你若願往自己的心念看去，罪咎與寬恕便在那一刻碰頭了，齊身並列於祭壇之上。疾病與它的唯一解藥終於結合於同一個療癒的光明中。上主會來認領屬於祂的人。寬恕才算功德圓滿。**

　　這段話指出療癒的第三階段，也是最後一個步驟。我們終於敢把幻相置於真相的療癒之光明裡，解離狀態就此告終。試想，真理一出現，幻相豈有存在的餘地？世上還有什麼力量能與上主的旨意和聖愛抗衡的？我們終於願意結合於耶穌的愛裡，跟他一起融入那創造我們永恆生命的唯一大愛。就在這大愛中，耶穌向我們娓娓道出以下這兩段安慰人心的話語：

(7~8)如今，上主那不變、肯定、純淨而且人人能懂的真知，終於回到它自己的國度。知見，不論是正見或妄見，都已經過去了。寬恕也過去了，因為它完成了任務。身體也過去了，消失於那獻給上主之子的祭壇的燦爛光明中。上主知道那是祂的真知，也是聖子的真知。他們就在此結合了，而基督聖容也在此驅散了時間的最後一刻；如今，最後的一個知見終於看清了世界既無存在之因，也無存在的目的。上主的記憶所至之處，人生旅程便告結束，罪的信念不復存在，沒有隔離的圍牆與身體，罪咎的陰森魅力亦已不再，死亡自此永遠銷聲匿跡了。

我的弟兄啊！你若知道那平安是怎樣庇蔭著你，將你安全、純潔而美好地護守在天心之內，你不可能不奔向祂

的祭壇，迫不及待地與祂團聚的。你與祂的聖名同時受到天地的頌揚，因它們已在此聖地合而為一了。在此，祂俯身將你提昇到祂那裡，由幻境昇至神聖之地，由世界昇至永恆之境，且將你由一切恐懼中救出，交還到愛那裡。

附錄一

路上的陌生人〔譯註〕

逝者已矣！永不復生。
為何依舊看到祢那熟悉的眼神？
那已受人間毀棄，
枯萎於墓碑之下的祢。

我幾乎相信了那是祢！但我曾目睹
祢青無血色的手，被擊碎的腳，
眼見祢頹然倒在他們的重擊下。
這個陌生人，好似素昧平生。

長路漫漫，我不願睜開眼瞼，
以免心靈被恐懼攫獲。
啊！這熟悉的恐懼，
好似護盾，屏障了任何希望升起；
又似舊友，將祢貶為我心之陌路。

祢為何一路緊隨不捨？

陌生人，陌生得令我心悸，

只因我好似見過祢，在不死之夢裡，

當死亡仍是我唯一的宿命。

請別擾我安寧了，我已經對死亡認命。

此刻，哀傷比希望更為仁慈，

那一線希望，只會讓我心更苦。

此刻，我寧可接受如約而至的死亡，

至少，不再苦於徬徨。

別再攪局了，結局已定，無以回天。

希望或眼淚，

搖撼不了永恒註定的結局，

別讓死者復生了，

陌生人，我們認命吧！

祢好似說過，祢會回來，我也曾相信了祢。

但相信太久了，如今雙眼已疲憊地闔起，

不再讓一線希望劃破我絕望的沉寂，

唉，放過我吧！

祢的慈言，在身上透著金光，

眼前的路，霎時一片模糊，

因我的眼已被蒙蔽。

別再吹皺一池死水了，

求求祢，如今我寧可不認識祢。

此刻，我不想追憶往事，

但那光明，照耀得如此放肆，

將腳下的路化為陽光大道。

祢究竟是何許人也？

竟敢闖入恐懼與死亡之夢！

祢的天音勾起我記憶中的一首老歌，

我情不自禁啓唇附和；

雖然我一直希望遺忘，如今有幸重聞；

原以為它已一逝不返。

如同祢的死亡，

我卻忍不住抬頭，盯著祢望。

也許先前所見，並非我想的那樣。

也許我的雙目已在這光明中療癒，

認出了祢的音容。

難道，我主真的信守了愛的諾言？

是我認錯了？祢真的復活了？

是我辜負了祢，而非祢辜負了我？

祢果真重返人間，只為將我領出死亡幽谷？

親愛的陌生人，容我親睹祢的容顏，

所有的疑慮瞬間消散，永逝不返；

祢若真的活著，請讓我重新看見，

將希望化為信心，永不退轉。

逝者已矣，但終會復活。

願我只記得此事，

其餘皆是幻夢一場。

光明已經來臨，我的雙目再度開啓，

正仰望著祢。

〔譯註〕此詩出自《天恩詩集》（暫譯）（*The Gifts of God,* PP.103~105），
係取典於〈路加福音〉關於耶穌復活後在通往以馬忤斯路上顯
靈給門徒之記載。

附錄二

祕密之牆

導言：真理所在之地

你心內有個地方，已把整個世界遺忘，沒有一
絲罪的記憶與幻相的痕跡。你心內有個地方，
時間早已一逝不返，你只會在那兒聽到永恆的
迴響。那是你的安息之所，如此寂靜，只有天
父及聖子的歡悅歌聲響遍天堂。那也是祂們的
安居之所，你只能在此憶起祂們。祂們所在之
處，亦是平安所在的天堂。(T-29.V.1)

這正是真實世界的寫照，它在我們心中只會停留片
刻(T-11.VIII.1:5~7)，上主便會俯身將我們接到祂那兒
去的(T-11.VIII.15:5)。它是幻境內真理僅存之地。

那兒隱藏著你一心想要與天父結合的渴望，因
你願在愛中憶起祂來。……全心尋找這一座標

吧，你會找著的，因為愛就在你內，它必會將
你領到那裡去。（T-13.III.8:3; 12:10）

　　這一段話，意在教導我們如何拆除小我存心遮蔽光
明而打造的祕密高牆，突破小我企圖封鎖上主之子的幽
暗心牢；還點出，最終上主之愛會親自將我們領至一個
祕密之境，它始終存於心所在之處。

高　牆

你對罪咎的信念一直隱藏在心靈最黑暗且隱祕
的角落，不讓自己意識到它的存在。那角落隱
藏的祕密即是：你心知肚明自己背叛了上主之
子，且定了他的死罪。……日趨黯淡的心靈承
受不了光明，只好另覓一個陰暗的去處，假裝
自己活在那裡；然而事實並非如此，……在心
靈最黑暗的一角，你把上主的恩賜覆蓋在陰暗
的罪咎下，不斷否認聖子的純潔無罪。（T-13.
II.3:1~2; T-13.III.11:5; T-14.VIII.1:2）

　　這一道高牆，正是我們為了保存自認為不堪一擊的孤立之我而打造出來的。世上每一個人的內心幾乎都曾背負著童年（甚至更小的時候）遭人虐待、恥笑、排斥，乃至更不堪的痛苦記憶，深深烙下「沒人關心、不配被愛」的錐心之痛。人類擅長從記憶裡東擷西取一些零星片段，然後理直氣壯地宣稱：「已經成年的我們，如今所感受到的焦慮與恐懼，都應歸咎於童年那些經歷。」在人類非常有限的經驗範圍內，這番推論好似言之成理。問題是，表面上我們屬於人類的一員，實際上，我們原是超乎時空的分裂妄心所生之念：若非罪孽深重之念，就是純潔無罪之念；若非出於罪咎，便是出自愛。在純潔無罪的我內，沒有心牆從中作梗而阻礙了愛的自然流動；但在自慚形穢的自我概念中生出的我，則必然充滿罪咎之念，只因那道心牆根本就是與生俱來的。正是這一部分的我，不但把世界當家，還打造了層層防禦之牆，讓心靈意識不到充滿怨恨的那一部分，使得這個由恨投射出來的自我概念得以暗中坐大。

　　躲到高牆後面，成了小我唯一的安全措施。我們這具天生脆弱的身體在它的世界裡，不斷承受其他來意不善的身體威脅，故不能不為自己量身打造一個戒備森嚴

的藏身之所，不讓他人任意入侵。想一想，我們不都是這般跌跌撞撞地走過童年、青少年及成人期嗎？似乎唯有如此，才足以保護自己不受外在強勢的欺凌。於是乎，拼命打造種種防護層來抵制外來的侵犯，便成為人類生存的唯一因應之道。然而，心靈是不需要保護的，因為沒有一物傷得到我們的心靈。不論對方多麼殘酷暴虐，在我的祕密高牆內，我仍是自己的主人。我可以永遠都不寬恕你，不論你如何操控我、拷打我的身體，甚至要我說出你一心想聽的話，但你左右不了**我的**念頭，因那純屬於**我的**私人王國。看吧，我的堡壘固若金湯，我的特殊性神聖無比，沒有人侵犯得了躲在心靈暗室的我。我絕不讓有愛心的人威脅到自己的恨之城堡，絕對不讓溫柔的愛插手進來，因我相信心內的怨恨是經不起那溫柔的一撫的，否則，那個卑微無助的自我就得赤裸裸地面對人間的排斥與暴虐，到最後，必然會落得屍骨無存。

為此，我們誓死捍衛，絕不放棄這一堡壘。在這當中，「判斷」成為我們護守城池的一大利器。隨著年歲與經驗的增長，這種攻擊伎倆愈來愈爐火純青，我們還編派出百千藉口，好讓自己安穩地住在特殊性的堡壘

內。說穿了，我們之所以如此害怕失去個人的身分，其實是怕失去這道高牆，因爲唯有它能帶給我們安全感。我們對自己的攻擊之念（即咎）以及對他人的攻擊之念（即判斷），所要保護的，其實正是這一道牆。我們眞的很害怕寬恕，因它會挖空牆角，即使只鬆動了幾塊磚頭，整道牆遲早也會坍塌瓦解。一旦如此，我們又會落回原本脆弱無助的處境，繼續在超乎自己所能掌握的外在事件與勢力下苟延殘喘(T-19.IV.四.7:4)。爲了避免遭殃，我們最常使出的殺手鐗，就是把自慚形穢的我暗暗藏在特殊關係裡──只要有一人不配受到我的寬恕，我就安全了，因爲只需要排除一個人，我這分裂的個體生命就保住了。簡言之，唯一的生存之道，就是爲自己打造一個純屬自己的聖龕，絕對不准任何人侵入一步，否則我們肯定會再度受傷。這是眞的，世上沒有一個人不爲自己打造這樣的一道牆，它等於是對所有的人（不論是敵是友，推到最後，其實就是對上主）作此聲明：「嚴禁入內！」

耶穌曾說：「要學習本課程，你必須自願反問內心所珍惜的每一個價值觀。任何掩飾或隱瞞都可能阻撓你的學習。」(T-24.in.2:1~2)這道祕密高牆後面珍藏著我

們最基本的存在價值，護守著我們的個別存在感，舉凡政治、教育、宗教、社會，乃至個人的種種價值，都是從這祕密要塞醞釀出來的。不惜任何代價，我們堅守著這一要塞，把自己禁錮在親手打造的牢獄裡，不只別人進不來，**自己也出不去了**。尤有甚者，我們更被心內刻骨的仇恨逐漸吞噬，防禦工事也愈造愈強大。然而在同時，自己卻愈發感到欲振乏力。請看看，這就是我們的生存處境。小我告訴我們：「只要躲到牆後便安全無虞，牆外那些有目共睹的仇恨就傷害不到我們了。」我們從來不敢質疑這天大的謊言。小我騙我們相信唯有身體能保護我們，因為它們才是惡毒世界所要毀滅的對象。這個瘋狂至極的信念，其實只為了掩護那個脆弱無比又飽受罪咎之苦的自我存在感而已。

總而言之，我們先因害怕心靈內的真愛，遂打造了一道防護的高牆，然後又將這一恐懼投射於外，於是，眼之所見，盡是他人的過錯，甚且被我們視之為罪惡，如此，我們在自己與他人之間樹立的種種判斷之牆就變得理所當然了。此後，我們只能戰戰兢兢藏身牆後，困守於逼仄的牢獄，不敢越雷池一步。如此一來，我們還有機會突破高牆，一探真愛所在之地嗎？還是任由真愛

繼續隱身於恨的心牆之後，讓這道恨的心牆在特殊關係的保護下更加高枕無憂？

越牆而出：與聖靈一起面對

聖靈的任務純粹是為了幫你恢復天人交流之境。祂必須清除所有的干擾，才能恢復交流的暢通。你無需對祂隱瞞任何干擾因素，因祂絕不會攻擊你的衛兵。你只需把那些衛兵領到祂跟前，祂就會慈愛地教你看出，這些衛兵在祂的光明裡一點也不可怕；它們根本守不住你小心翼翼藏在黑暗之門背後的一切，那兒其實什麼也沒有。我們必須打開所有的門窗，光明方能照入。（T-14.VI.8:1~5）

總有那麼一天，我們會忍受不了自己這孤獨而艱辛的人生，也就是牆後那憂恨交加的小小王國。試想，一個人能在罪咎、孤獨、絕望之苦中硬撐多久？那樣的匱乏貧瘠、荒涼無趣，簡直讓人灰心喪志。

你那小小的王國如此貧乏，……看看你擁爲重
鎮的那片沙漠吧，它如此的乾涸、貧瘠、焦
熱，了無歡樂的氣息。（T-18.VIII.8:4,6）

直到我們受夠了那種暗無天日的生活，終有一天，
便會開始質疑它的眞實性——聖靈就在等這小小的縫
隙，祂的愛才能趁「虛」而入。

只要我們下定決心向聖靈求助，第一步，祂就會教
我們如何反身質疑「脆弱之身」與「罪咎之心」那個雙
重身分，它們顯然是小我「雙重遺忘」的防禦工事之倒
影（W-136.5:2），也是我們之所以不敢正視這道心牆的
眞正原因。是的，這眞的需要相當大的決心、毅力以
及時間，才撤除得了自己對身體的認同，逐漸轉向當初
選擇了小我及種種防禦措施的始作俑者——心靈內那位
抉擇者。爲此，我才會再三重申：正視小我的過程至關
緊要，因它對我們具有起死回生的作用。請注意，當我
正視小我的百態時，這個「我」絕不可能是小我；然
而，只要我一開始判斷，我便會清楚那是小我在觀察自
己，因爲我若眞與耶穌一起觀看，是不可能作出這種判
斷的。話說回來，即使我看到自己又看走了眼而開始判
斷，那時，也絕不陷於自我批判。如此，我才算開始跟

小我慢慢脫鉤。不過，這種脫鉤的過程也隨時會因為害怕失去特殊性而頻頻受阻。

通往天堂的路，必得穿越地獄，也就是正視心內那道牆，以及隱藏於牆後的那個自己。**你若連看都不敢看小我一眼，怎麼可能放下小我！**小我好比滿頭毒蛇的梅杜莎〔譯註〕，如此警告你：「只要看我一眼，你就死定了！」因此，與小我脫鉤的過程中，心內會不斷聽到刺耳的雜音：「我這糟糕透頂的人，如果往內看進去的話，後果一定不堪設想。」在人心中，咎與懼原本即是如影隨形的隱形殺手，才需要這道祕密高牆嚴加防守。牆一旦倒塌，我們便立刻感受到小我深怕自己灰飛煙滅的巨大恐懼，自感罪孽深重那種難言之痛也會霎時湧現。在這恐懼的深淵，耶穌安慰我們，只要我們願意牽住心靈導師的手，上主的愛便會在前為我們開路：

> 只有上主能夠領你一探究竟，只要你真心願意
> 跟隨聖靈，穿越那看似凶險之地，且信任祂絕
> 不會遺棄你。……恐懼一出現，你就忍不住想
> 要棄祂而逃；而祂卻一心想帶你度過難關，更

〔譯註〕梅杜莎（Medusa）　希臘神話中之蛇髮女妖，被智慧女神雅典娜施以詛咒，任何直視梅杜莎之人都會變成石頭。

上一層樓。（T-18.IX.3:7,9）

此刻，我們反倒遲疑了，因為放下分裂與判斷這兩位「朋友」，等於決心放下自我。

> 如今，你戰戰兢兢地立於曾發誓不看的容顏之前。你垂著雙眼，記起了你對那些「朋友」的許諾。罪的「美妙」，咎的「魅力」，死亡的「神聖」蠟像，還有你曾發誓絕不背棄小我因而怕它報復的心態，此刻都會一一現前，命令你不准抬起眼睛。因你明白，你若掀開面紗，看到了愛的聖容，上述那些「寶貝」就會永遠離你而去。你所有的「朋友」，你的「守護神」，你的「家園」都會消失得無影無蹤。從此，你再也記不得此刻所記得的事了。（T-19.IV.四.6）

為此，我們必須學習隨時識破小我的陰謀，因它會百般阻撓我們療癒自己的特殊關係：

> 此刻，小我會如此勸告你：換一個人際關係吧！你才可能如願以償的。唯有除掉這個弟兄，你才擺脫得了當前的苦惱。（T-17.V.7:1~2）

〈練習手冊〉又追加了一句「你隨時都能造出另一位來」（W-170.8:7），而且愈快愈好。因爲這一威脅，對早已跟小我思想認同之人，可說苦不堪言。試問一下，哪一個人未曾經歷過這類的反應機制？剛剛結束一段痛苦的關係或處境，馬上又掉入另一段關係或處境中？有時甚至還發生於同一天內，只因我們都忍受不了高牆坍塌之苦。

話說回來，有時候讓自己體會一下這種苦，也許不失爲一帖良藥，因爲它可能成爲我們轉向「痛苦背後的愛」之契機。克里希納穆提也談過這種轉化過程，而且還鼓勵學生「與苦同在」。他用意所在無非是，如果學生敢於「與苦同在」片刻，遲早會發現痛苦僅僅是一個想要抵制愛的念頭，一覺察到，這念頭便無法作祟下去了。換言之，肉體的苦是爲了抵制內心的痛苦之念，推到究竟，它眞正想要抵制的其實是愛。

爲此，耶穌把神聖關係描述成一段「動盪……摩擦……挫折」的過程（T-17.V.3:3）；信賴的第四階段也把這一過程形容爲「痛苦，困難，衝突，動盪」（M-4.(一)3~8）。當耶穌說：「這就是需要信心的時刻了。」（T-17.V.6:1）他不是要我們去信一位能夠呼風喚雨的神

明，或幫忙解決世間問題的兄長，而是要我們信任自己心中的寬恕。他再三提醒我們，看清特殊關係帶來的痛苦是何等的重要（T-16.V.1:1）。他要我們看清自己是多麼不想面對內心的傷痛，才會想盡辦法將它鎖在「否認」與「投射」之牆的背後。畢竟，沒有人能改變「自己連看都不敢的問題」的。若想一探眞愛藏身之處，必經之路就是先得看透那存心隱藏罪咎的祕密之牆。如果我們根本意識不到自以爲毀了天堂那種罪惡感，豈有轉化它的機會？請記住，這一令我們痛心疾首的錯誤信念絕不是一套抽象的觀念，它是我們最切身的存在之痛，只因我們整個存在都建立於「我們不只犯了滔天大罪，這生命的每個細胞都在陳述自己的罪孽深重」這個「事實」之上。

「萬能的神明」在人間大受歡迎，原因即在於此。以基督教的耶穌爲例，正因他能代替我們完成救贖。傳統神學中的救贖概念屬於「代理式的救恩」——耶穌以自己的受難及死亡爲世人掙得了救恩。相對於此，「對救贖的恐懼」開宗明義那一段話顯得格外重要：

> 你也許會奇怪：正視自己的瞋心，且明白它的全面影響何以如此重要？你也可能會想：

何不請聖靈直接指出你的瞋心，不待你本人覺察，就自動為你驅除，不是更省事嗎？（T-13.III.1:1~2）

赤裸裸面對內心的恨意，其實是很苦的事，因它是一切罪惡之源，我們當然不想面對，巴不得立刻將它交給聖靈處理。然而，耶穌無法從我們手中強行奪走，只因我們依然對它戀戀不捨。為此，我們必須先克勝自己內在的抗拒，親手將心頭之恨交給耶穌才行，藉之表示我們終於敢面對它、正視它了。但因我們始終不敢正視，才會感到好似每況愈下，愈修愈差。其實我們的狀況一直很差，只是以前沒有覺察到而已。面紗一旦掀開，我們開始與耶穌一起正視小我，這時，才驚覺我過去對自己的評價竟然如此可怕，如同〈練習手冊〉所言：「你認為自己是邪魔、黑暗與罪惡的淵藪。」（W-93.1:1）面對這一事實所勾起的錐心之痛，令我們不能不把心中的咎投射出去，於是我們會在他人身上看到罪咎的倒影而大肆撻伐，卻絲毫意識不到那根本是自己的投射。

總而言之，那道牆之所以勾起我們的錐心之痛，只因我們終於認清了它的陰謀所在。每一個活在世上的人

都相信自己逃離了天堂，才會感到那刺心的孤獨與哀
傷，最深的痛莫過於我們當初為了抵制上主的愛而逃離
天堂這一記憶。為此，我們才需要築起高牆，企圖掩藏
這不可告人的祕密，切斷自己的感覺，再藉著投射的脫
身之計，把自己的痛苦歸咎於人。然而，究竟而言，投
射的保護作用太不可靠了，只因它保護的對象本身虛幻
無比，因為離開天鄉純粹只是幻夢一場，我們一直「安
居於上主的家園，只是在作一個放逐之夢而已」（T-10.
I.2:1），因此，我們隨時可以覺醒於真相的。更何況，
投射本身只能說是虛晃一招，因為「**觀念離不開它的源
頭**」。外表上好似脫離了心靈的觀念，其實始終都在心
內，它只是讓自己隱身不見，不讓我們看到而已。如果
連我們投射的罪咎都是虛幻的，那麼，投射的結果必然
也虛幻無比。

　　終有一天，我們意識到自己投射的不過是個分裂幻
相時，療癒就自然發生了。此後再也不會把世間任何事
情當真了，只因我們已識破它的不真實性。若套用在現
實人生中，表示我們再也不受人間事物所左右，世界再
也沒有奪走上主平安的能力。我當然不是要大家罔顧或
否定身體的感受與經歷，所否定的，僅僅是誤以為世界

能毀滅我們心中之愛那種錯覺而已。

　　開始研修《課程》之初，我們常會感受到自己處處受制於世界，然而，慢慢地，我們明白了，世界最多只能影響身體的層面，絲毫影響不到真實的自己。切莫小看這一念，它有扭轉乾坤之大能，因它顯示出我們終於明白了自己乃是心靈。唯有在這一認知的基礎上，我們才可能擺脫得了世界的操控；反之，只要我賦予它控制自己的能力，我就必然備受它的擺佈。這表示人間的問題既不在你，也不在於他人做了什麼。為此，這一句耳熟能詳的話「我絕不是為了我所認定的理由而煩惱」（W-5），遂成了寬恕的基礎。就算你真的對我發動攻擊，但你傷不到我的心靈，因之，我的寬恕其實是寬恕你並沒有做出的事情。

　　由此可知，「面對」的真正意義是把我投射於外的黑暗（比如憤怒、判斷、特殊性等等），帶回自己的心內，並且知道這是我作繭自縛而造出的黑暗。我之所以緊抓著它不放，只因我想用它來阻擋那深深威脅著自己的聖愛之光。唯有寬恕了我投射出去的陰暗污點，才表示我允許心內本有的光明藉此延伸，且擴散到整個聖子奧體。從此，我能在每一件事上聽到弟兄的求助，因為

我終於找到了愛所臨在的平安之地：

> 靜靜地閉上眼睛，不再著眼於那毫不了解寬恕
> 爲何物的世界，在這寧靜中尋找你的聖所；那
> 兒，你的思維開始轉變，你會放下自己的錯誤
> 信念。（W-126.10:1）

聆聽恐懼的呼求

上主的聖念環繞著你的小小王國，它正在你築
起的藩籬之外等著你讓它照耀這一片荒土。看
哪，大地的生命即將欣欣向榮！沙漠轉眼變爲
花園，青翠、深邃而寧靜，爲迷失於荒野塵沙
的流浪者提供了一處安歇之地。愛就這樣在原
有的荒漠爲他們打造出一處庇身之所。你在此
接待的每一個人都會爲你帶來天堂之愛。……
這小小花園會在你的慈心善意下不斷延伸，伸
向所有渴望生命之泉卻感到舉步維艱的人。
（T-18.VIII.9:1~5,8）

無一例外的，世上每一個人都是受驚的孩子，如此
孤獨，如此渴望被愛，幾乎到了「舉步維艱」的地步。
〈練習手冊〉的這一段描繪，鞭辟入裡地刻畫了普世人
類身在異鄉的痛苦處境：

> 你好似活在其中的世界，並不是你真正的家。
> 你的心冥冥中知道這一事實。家的記憶始終縈
> 繞於你心裡，好似有個地方一直在喚你回去，
> 即使你認不出那個聲音，也不清楚那聲音究竟
> 在提醒你什麼。你一直感到自己是個異鄉人，
> 來自某個不知名之處。雖然沒有任何證據足以
> 讓你肯定自己是被放逐到這裡來的。那只是
> 一種揮之不去的感覺，有時僅是一陣輕微的悸
> 動，有時連想都想不起來；你刻意要忘掉它，
> 但它遲早還是會回到你心中來的。
>
> （W-182.1）

不論人們表面上說了什麼或做了什麼，只要你已意
識到人類最深的渴望莫過於回歸愛的家園，那麼，你的
眼光會自然落在人心內那個受傷的小孩，情不自禁生出
慈悲之心，撫慰他們內心最深的渴望。

　　著眼於那孤獨無助的小孩，表示你允許自己著眼於對方攻擊舉動背後的莫名之痛。不論對方外表顯得多麼殘酷無情，他們心裡其實深受其苦。若非痛苦的作祟，有誰會想傷害他人？不論對方在你心目中何等可恥可憎，若非他們內在的小孩相信有人奪走了他應得的愛，且將他孤獨地棄置於荒蕪的宇宙，飽受絕望之苦的折磨，他們豈會活成當前這副模樣，想出或說出甚至做出那樣的事情來？

　　此後，你不論在誰身上聽到這種絕望的吶喊，都會像一個有愛心的大人面對一個受驚的小孩，想盡辦法以他所能接受的方式，讓他感到安心一些。如果你在他身上只看到一個可怕的邪魔，而非純潔無罪的孩子，自然聽不出他那顯而易見的愛的呼求。推到究竟，真正的原因是「你不願聽見自己心內的求助呼籲」。為此，我們可以這樣說，《奇蹟課程》只有一個目標，就是教導我們聽見世人隱藏在種種防禦之牆背後的錐心之痛，不論是受害者或加害者，不論是你或我，讓我們的心自然地伸向世上每一個人，撫慰他們的傷痛。請記得，世間無論哪一種療癒，必然含有慈悲的愛。所有的牆不過屬於防禦工事，高牆一旦消融，愛自然湧入。其實，愛始終

都在那兒，只等著我們撤除心牆，容許它經由你，流到每一個人身上。

然而，這並不是說，我們應該容忍社會上種種的過失甚至侵犯行為。比方說，我們豈能放任人們亂闖紅燈，乃至於縱容謀殺或強姦這類行徑？但我們可以不用懲罰的方式來制止人們謀殺、自殺及種種致命的行為。對於受刑人，我們可以設限管制，但絕不是出於憤怒或報復的心態。要知道，不論管教的心態是出於憤怒或慈悲，最後採用的管教**形式**很可能無何差異，但它們的**內涵**卻大不相同。犯人多少意識得到自己所受的管制是有其必要的，但他們一定感受得出管制背後的心態是出自於愛或是憤怒，也體會得到我們究竟以誰為師。既然人心都是相通的，我們也必須牢記，所有的舉措施為，應該僅僅針對心靈的層面而來。

如果我們已經陷於妄心之中，必會設法捍衛這道象徵特殊性、判斷及怨恨的高牆，因為我們已然神智不清，認定它會保護我們不受愛的侵犯。內在的恐懼令我們不能不築起高牆，然後忘掉它是自己打造出來的，只記得他人對我們所做的種種惡行。於是我們繼續投射出一道一道的牆，但造牆的目的已不僅是將自己與圓滿自

性隔絕，而更在保護自己不受邪魔與「外面那群有罪之人」的傷害，時時刻刻嚴加戒備。想一想，這種愛怎麼仁慈得起來？怎麼可能是一體生命？怎麼可能是眞愛？

但如果我們可以回到正念心境，眼中所見只是一個受傷的孩子，自然會滿懷愛心地越過那一道牆，去撫慰孩子的傷痛，那道牆便頓時隱然不見了。但請切記，除非你能先解除自己內在的傷痛，否則是療癒不了他人的。也就是說，療癒必須從自己內心入手，突破自己的特殊性之牆，才可能推恩於人，這才是耶穌眼中的寬恕。請記住，你不是「破」牆而出，你只是溫柔地觸摸那個痛處，小我之牆自會隱去。這正是〈正文〉所描述「靜靜地融入」之美妙境界（T-18.VI.14:6）。

這就是爲什麼耶穌口中的聖靈從不咄咄逼人，命令你或要求你什麼，祂只會叮嚀或溫柔提醒（T-5.II.7:1~8）。有此聖愛在前示範，我們才可能慢慢放下對他人的要求，不再想去克服甚至操控對方，只是接納對方的現況，內心相當篤定，不論他們所作所爲可能夾帶了多少恐懼與仇恨，都影響不了終極的結局——愛始終都在。爲此，我們唯一的任務只是溫柔地提醒他人這一眞相：分裂之舉搖撼不了眞愛，因**愛始終都在**。

　　如果我真能做到了，我等於親自示範給你看，不論你如何向我施壓，絲毫影響不了我心中的愛。就這樣，你我都在為「不論他人對你做了什麼，都影響不到你心中的愛」這一原則作最美好的見證。從早上醒來的一刻起，直到晚上入睡那一刻止，學習這一功課成了一整天的生活重心。親身示範之意，就是寓教於學；而所教所學的只有一門功課，就是「我們全被寬恕了」。聖子奧體便在這神聖一刻獲得了痊癒，因為我們本是一個生命。唯有認出每個人不只全然相同，而且都在反映天堂的一體生命，我們才算真正接受了一體概念。這是修習本課程的關鍵所在。然而，說到究竟，只要我們還活在人間，是無法徹底體驗那一體境界的。我們在人間所能學也必須學會的，就是看到每個人內在**都有**一個驚恐的小孩在傷心哭泣，渴望溫暖的擁抱，他只想知道，不論自己做了什麼，那個愛始終都在，溫柔地對他說：「不論你做了什麼或遭遇到什麼，你始終是被愛的。」但要記得，只要我們還死守著心內那道牆，我們是無法給出這種反映天堂之愛的寬恕的。

　　同為上主唯一聖子的我們，都在受著同樣的苦，也都一樣築起高牆企圖掩埋此苦。難怪我們常常感到難受

卻不明原委，只因重重的防禦工事已然麻痺了孤絕的刺心之痛，將它壓抑到意識的底層。如今，我們何其有幸，得以研讀並操練《課程》，逐漸了解小我的運作方式，日復一日，那道牆在我們的正視之下，開始搖搖欲墜，牆後的痛楚終於現身了。應知，那痛楚並非突然冒出來的，只因那道牆的掩護，使你意識不到它的存在而已。你必須先讓它現身，才有機會把它帶入寬恕之光中，痛苦的陰影才可能慢慢隱退。縱然你在寬恕之光中僅僅停留過片刻，但這已足以讓你愈來愈不甘忍受高牆所引發的痛苦，下回當你覺察自己又在抵制寬恕之光，你便會迫不及待地重新選擇了。

耶穌在〈正文〉的末尾一語道出了慧見的至高境界：「從此，再也沒有一個幻相值得信任，再也沒有一點黑暗遮蔽得了基督的聖容。」（T-31.VIII.12:5）相對於此，小我對你只有一個期望，就是要你在別人身上看到一點黑暗；即使你明知那是你自己的罪污，你卻再也無法洗淨了。同理，我們只要將一人排除於寬恕之外，無異於將自己排除於這一寬恕之外。只要我們在別人身上看到一個不可寬恕的罪污，就表示自己還未準備好去看內在的光明，才會繼續投射，存心保住罪咎所在的那個

陰暗死角。難怪我們拒絕著眼於對方心內那個受傷的小孩，不斷攻擊他純潔的生命本質，企圖吞噬他的純潔本質來壯大自己。反之，我們若允許自己著眼於他人心內的隱痛，自會設身處地為他們著想。當耶穌的愛得以經由我們的推恩而療癒每一個人，我們便與他們一起痊癒了。愛一來到，試想，恨之牆還能支撐多久？

結語：寬恕的三步驟

今天的觀念介紹給你一個想法，即你並不受眼前的世界所困，因為你能夠改變它的起因。若要改變，必須先辨認出這個起因〔第一步〕，然後放下它〔第二步〕，如此它才能被替換掉〔第三步〕。這一過程的前兩個步驟有待你的合作。最後一步，則不需要。（W-23.5:1~4）

最後，我要用寬恕的三個步驟來歸納本文的宗旨，它能幫我們解除那道祕密之牆，讓我們憶起愛的真相。

（一）先認清陰影或污點不在他人身上而在自己心

內。這並非否認他人心靈也可能受到罪惡的污染，但那不是我的事，更不是我該著眼的地方。我也明白，自己的反應只會把對方內在的陰影弄得更眞實。它既然源自於我，故我該收回投射，主動拆除自己置於你我之間的那道牆。這一步確實很不好受，因爲我一認清那一眞相，深埋已久的罪咎之苦會立即浮出意識，令我倉皇失措。藉用第一百九十課的比喻：我終於認清了，指向我的那一把槍，竟然不是握在你的手中，而是握在我手中。換句話說，該內疚的不是你，我才是那個隱形殺手。

(二)如今，在耶穌慈愛的陪伴下，我已明白，不只「你是兇手」純屬幻相，連「我是兇手」也是一個幻相。我視你爲有罪之身，只因我先認定自己是有罪之身，而且認定天堂的愛已被我毀了。事實上，一體生命的快樂頌沒有失落一個音符(T-26.V.5:4)。一旦認清這個喜訊，我那一部分的救贖任務便已完成，自我與自性之間的高牆會在刹那間化爲虛無。

(三)耶穌清楚告訴我們，第三步不是我們的責任。只要我敢正視自己已把罪咎投射於你的事實，願意收回投射，而且明白那只是自己的一個恐怖妄想而已，

我便已完成我這部分的任務。從此，我可以不懷批判地
面對自己的罪咎，而且能向那小小瘋狂的分裂之念一
笑置之，罪咎便在聖靈的溫柔微笑中消融無痕了（T-27.
VIII.6:2; 9:1）。縱然日後我們仍可能對愛生出恐懼，但
只需讓耶穌溫柔的手輕輕撫慰，真理之光會即刻驅散這
一陰森幻相，我們便一起脫離了小我所選擇的分裂與
罪咎之淵藪，而重歸真理的家園。至此，企圖抵制真
相而造出的祕密之牆再也沒有存在的必要，只好知趣地
隱退。代之而起的是一座寬恕的燈塔，為我們照亮了歸
鄉之路，雖然我們不曾離開家鄉一步。於是，「我們早
已療癒」的真相就不再是一個難以認出的祕密了（T-27.
VIII.13:9）。

奇蹟資訊中心
出版系列：

《奇蹟課程》
（A Course in Miracles）──新譯本

　　《奇蹟課程》是二十一世紀的心靈學寶典，更是近年來各種心理工作坊或勵志學派的靈感泉源。中文版已在 1999 年由若水譯出，並由作者海倫・舒曼博士所委託的「心靈平安基金會」出版。

　　新譯本乃是根據「心靈平安基金會」2007年所出版的「全集」，也是原譯者若水在「教」「學」本課程十年之後再次出發的精心譯作。全書分為三冊：第一冊：〈正文〉；第二冊：〈學員練習手冊〉；第三冊：〈教師指南〉、〈詞彙解析〉以及〈補編〉的「心理治療」與「頌禱」二文。新譯本網羅了《奇蹟課程》所有的正式文獻，使奇蹟讀者從此再無滄海遺珠之憾。（全書三冊長達 1385 頁）

《奇蹟課程》
〈學員練習手冊〉新譯本隨身卡

　　《奇蹟課程》第二冊〈學員練習手冊〉共三百六十五課，一日一課地，在力求具體的操練中，轉變讀者看事情的眼光，解開鬱積的心結。

　　若水由十餘年的奇蹟課程教學譯審經驗出發，全面重譯這部曠世經典。新譯版一本經典原文的精確度，語意更為清晰，文句更加流暢。精煉再三的新譯文，吟誦之，琅琅上口，饒富深意，猶如親聆J兄溫柔明晰的論述，每天化解一個心結，同享奇蹟。

　　為方便現代人在忙碌生活中操練每日一課，經三修三校的重譯版，首度以隨身卡形式發行，以頂級銅西卡精印，紙版尺寸 8.5 × 12.6 公分，另有壓克力卡片座供選購。（全套卡片共 250 張）

奇蹟課程導讀與教學系列

　　《奇蹟課程》雖是一部自修性的課程，只因它的理論架構博大精深，讀者常易斷章取義而錯失精髓，故奇蹟資訊中心陸續推出若水的導讀系列、米勒導讀，以及一階理論基礎及二階自我療癒DVD、其他演講錄音或錄影教材，幫助讀者逐漸深入這部自成一家之言的思想體系。

若水導讀系列

（一）《創造奇蹟的課程》（全書 272 頁）
（二）《生命的另類對話》（全書 272 頁）
（三）《從佛陀到耶穌》（全書 224 頁）

　　若水在這三冊中，解說《奇蹟課程》的來龍去脈與理論架構，透過問答的形式，說明崇高的寬恕理念如何落實於生活中；最後透過《奇蹟課程》的理念，闡釋佛陀和耶穌這兩位東西方信仰系統的象徵，在實相裡並無境界之別，而只有人心的「小我分裂」與「大我一體」的天壤之隔。

米勒導讀
《奇蹟半生緣》

　　一位慧心獨具卻不得志的記者，三十多歲便受盡「慢性疲勞症候群」的折磨，群醫束手無策，他在走投無路之下，不禁自問：「究竟是誰把我這一生搞得這麼慘？」

　　《奇蹟課程》讓他看到，自己竟是一切問題的始作俑者。他對這一答覆百般抗拒，直到有位心理治療師對他說：「恭喜你！你若讀得下這本書，大概就不需要心理治療了！」

　　《奇蹟半生緣》全書穿插作者派屈克・米勒浮沉人生苦海的經歷，但他並不因此獨尊自身的經驗和詮釋，而以記者客觀實証的精神，遍訪散居全美各地的奇蹟講師與學員，甚至傾聽圈外人的質疑。本書可說是一部美國奇蹟團體的成長紀實。（全書 319 頁）

奇蹟課程有聲教學教材

　　奇蹟資訊中心歷年發行《奇蹟課程》譯者若水的演講錄音或錄影光碟，將《奇蹟課

程》的抽象理念與現實生活銜接起來，幫助讀者了解《奇蹟課程》的精髓所在，是奇蹟學員不可或缺的有聲輔讀教材，由於教材內容每年不盡相同，欲知詳情，請上網查詢。

www.acimtaiwan.info 奇蹟課程中文網站
www.qikc.org 奇蹟課程中文部簡体網

肯恩實修系列

《奇蹟原則50》

許多讀者久仰《奇蹟課程》之盛名，興沖沖地讀完短短的導言後，就怔忡在一條一條有如天書的「奇蹟原則」之前。讀了後句忘前句，「奇蹟」的概念好似漂浮在字裡行間，始終無法在腦海中落腳，以至於閱讀了一兩頁之後便繼無力，難以終篇，竟至棄書而逃。

「奇蹟原則」前後五十條，其實是整部課程的濃縮，若無明師指點，讀者通常都不得其門而入。於今多虧奇蹟泰斗肯尼斯旁徵博引，以深入淺出而又幽默的答問形式，將寬恕與奇蹟的精神落實於生活中，為初學者乃至資深學員提供了一個實修的指標。（全書209頁）

《終結對愛的抗拒》

追尋心靈成長的人，學到某個階段往往面臨一個瓶頸：儘管修習多年，一遇到某種挑戰，就不自覺地掉回原地，因而自責不已。問題到底出在哪裡？

佛洛依德在他的臨床經驗中，驚異地發現，病人的潛意識中有「拒絕療癒」的本能，肯尼斯根據《奇蹟課程》的觀點，犀利地剖析人們「拒絕療癒或轉變」的原因，又仁慈地為讀者指出穿越小我迷霧的關鍵，由停滯不前的窘境中突圍。對於追尋心靈成長和平安的人而言，本書不但有提點指授的功效，更有當頭棒喝的力道。（全書109頁）

《親子關係》

坊間論及親子問題的書籍可謂汗牛充棟，泰半繞在親子關係複雜且微妙的糾結情懷，唯獨肯尼斯·霍布尼克不受表象所惑，借用《奇蹟課程》的透視鏡，澈照出親子之間愛恨交織的真正關鍵。

本書表面上好似在答覆「如何教養子女」、「如何對待成年子女」以及「如何照顧年邁雙親」等具體問題，它其實是為每一個人點出我們在由「身為兒女」，到「照顧兒女」，繼而「照顧雙親」的艱苦過程，以及我們轉變知見時必然經歷的脫胎換骨之痛。（全書238頁）

《性·金錢·暴食症》

在紛紜萬象的世界裡，性、金錢與食物可說是人生問題的「重頭戲」，最易牽動小我的防衛機制，故也最具爭議性。作者肯恩沿用《奇蹟課程》中「形式與內涵」的層次觀念，針對性、金錢等等所引發的光怪陸離現象（形式），揭露它們背後一貫的目的（內涵）——小我企圖藉無止盡的生理需求，抹滅心靈的存在，加深孤立、匱乏、分裂等受害感，最後連吃飯、賺錢與性交都可能變成一種攻擊的武器。

肯恩與學員的趣味問答，反映出我們日常是如何受制於這些生理需求的；然而，我們也能藉聖靈之助，將現實挑戰化為人生教室，將小我怨天尤人的陰謀，轉為寬恕與結合的工具。（全書196頁）

《仁慈——療癒的力量》

這是一部針對奇蹟教師及資深奇蹟學員的實修指南。全書分上下兩篇，上篇列舉奇蹟學員常有的現象，例如以奇蹟之名攻擊他人，或以善意為由掩蓋自己批判的心態；下篇探討如何用仁慈的眼光來看待自己與他人的缺陷，教我們將自身的限制或缺陷轉為此生的「特殊任務」，在人間活出寬恕的見證，成為聖靈推恩的管道。（全書251頁）

《逃避真愛》

本書是針對道理全懂卻難以突破的資深學員而寫的，它一針見血地指出，綑綁我們修行腳步的，不是世界的黑暗，也非人間的牽絆，而是自己打造出來的一道心牆。

只因我們深怕真愛會消融了自己的特殊性，故把心靈最深的渴望隱藏到心牆之後，與之「解離」，在人間展開一場虛虛實實又自相矛盾的追尋。一邊痛恨小我的束縛，一邊又忙著為小我說項；以至於內心有一部分奮力向前，另一部分則寧可原地觀望。藉著裝傻、扭曲、辯駁，把回歸真愛的單純選擇

渲染成複雜又艱深的學問。

《逃避真愛》溫柔地解除了人心無需有的恐懼，讓我們明白心牆的「不必要」，陪伴我們無咎無懼地跨越過去。（全書156頁）

《假如二二得五》

從古至今，多少人心懷救苦救難的大志，傾注一生之力貫徹自身理想，卻往往受現實所困而終不能及。我們這些凡夫俗子，亦不乏拼搏自救之心，然而在現實面前，還是屢屢敗陣，活得憋屈而無奈。問題究竟出在哪裡？

對此，本書剴切提出：整個世界其實一直按照 2＋2＝4 的「鐵律」來運作，萬物循著固定的軌跡盈虧盛衰，一切可謂「命中註定」，無怪乎歷史上的種種救世之舉皆以失敗告終。然而，《奇蹟課程》識破世界的詭計，小我既然使出 2＋2＝4 的苦肉計，它便祭出 2＋2＝5 的救贖原則，破解小我編織的羅網，溫柔地引領我們走出世界的幻境。本書即是教導我們，如何在貌似 2＋2＝4 的世界活出 2＋2＝5 的生命氣象，而且更進一步，迎向天地間唯一真實的等式 1＋1＝1。（全書171頁）

《駱駝‧獅子‧小孩》

本書書名出自德國哲學家尼采的代表作《查拉圖斯特拉如是說》裡的「三段蛻變」——駱駝、獅子、小孩。這則寓言提綱挈領地勾勒出靈性的發展過程，尼采的幾項重要論點，包括強力意志、超人、永劫輪迴，也在肯恩博士精闢的詮釋之下，與奇蹟學員熟悉的抉擇心靈、資深上主之師、小我運作模式等觀念相映成趣。

肯恩博士為奇蹟學員引薦這位十九世紀天才的作品，企盼在大家為了化解分裂與特殊性而陷入苦戰之際，可以由這本書得到鼓舞和啟發。我們終將明白，唯有「一小步又一小步」的前進，從駱駝變成獅子，再進一步蛻變為小孩，不跳過任何一個階段，才能抵達最後的目標。（全書177頁）

肯恩《奇蹟課程釋義》系列

《奇蹟課程序言行旅》

如果說《奇蹟課程》是一首曠世交響曲，《序言》便奠定了整首樂曲的氣質與基調，不僅鋪敘出奇蹟交響樂的關鍵理念，還將讀者提升到奇蹟形上思想的高度和意境，堪稱《正文行旅》最佳的暖身之作。

肯恩有如一流的樂評家，領著讀者，在宏觀處，領受樂章磅礡的主旋律，在微觀處，諦聽暗藏其中的千百種變奏，致其廣大，盡其精微，深入課程之堂奧，回歸心靈之家園。（全書121頁）

《正文行旅》（陸續出版中）

《奇蹟課程》在人類靈性進化史上的貢獻可謂史無前例，而《正文行旅》乃是《奇蹟課程釋義》三部曲的完結篇。肯恩由文學，詩體，音樂三重角度，依循各章節的主題，提供了「重點式」以及「全面性」的導覽，幫助學員深入奇蹟三昧，沉浸於智慧與慈悲之海。

這部行旅可說是肯恩一生教學的智慧結晶，奇蹟學員浸潤日久，必會如他所願：奇蹟，發自心靈，必將流向心靈。（第一冊335頁，第二冊314頁）

《學員練習手冊行旅》（陸續出版中）

整套《奇蹟課程釋義》的問世，可說是無心插柳。1998年起，肯恩應學生之請，為〈學員練習手冊〉做了一系列的講解，基金會將研習錄音增編彙整為逐句詮釋的〈練習手冊行旅〉。此案既定，〈正文行旅〉以及〈教師指南行旅〉應運而生，為奇蹟學員提供了最完整且精闢的修行指針，訂名為《奇蹟課程釋義》，幫助學員將〈正文〉理念架構所引伸出來的教誨，運用到現實生活中。這三部《行旅》，可說是所有踏上奇蹟旅程的學員最貼心的夥伴。

《學員練習手冊行旅》的宗旨，乃是幫助奇蹟學員了解三百六十五課的深意，以及它們在整部課程中的作用。更重要的是，幫助學員將每日一課運用於現實生活中，否則《奇蹟課程》那些震古鑠今之言可謂枉費唇舌，徒然淪為一套了無生命的學說。（第一冊346頁，第二冊292頁，第三冊234頁，第四冊337頁）

《教師指南行旅》
（共二冊，含《詞彙解析行旅》）

　　〈教師指南〉是《奇蹟課程》三部書的最後一部，它以「如何才是上主之師」為主軸，提綱挈領地梳理出〈正文〉的核心觀念，全書以提問的形式鋪敘而成，為其他兩部書作了最實用的補充。

　　肯恩在逐句解說〈教師指南〉時，環繞著兩個主題：「個別利益」對照「共同福祉」，以及「向聖靈求助」。因為若不懂得向聖靈求助，我們根本學不會「共享福祉」這門功課。當然，全書也穿插不少副題，如「形式與內涵」、「放下判斷」等等，就像貝多芬的偉大樂章那樣，不時編入數小節旋律，讓主題曲與變奏曲銜接得更加天衣無縫。肯恩說：「我希望藉由本書讓學員看出，耶穌是如何高明地把他的基本訊息串連為一個整體，一如交響樂以主旋律與變奏曲那般交叉呈現、迴旋反覆地將我們領上心靈的旅程。」（第一冊337頁，第二冊310頁）

其他出版品

《寬恕十二招》

　　《寬恕十二招》的作者保羅‧費里尼，有鑒於人們的想法與情緒反應模式，早已定型僵化，成了一種「癮」，不是一朝一夕可以化解得掉的。因此，他將《奇蹟課程》的寬恕理念，分解為十二步驟，一步一步地引導我們超越自卑、自責以及過去的創痛，透過自我寬恕而領受天地的大愛。這是所有準備好負起自我治癒之責的人必讀的靈修教材，也是曠世靈修經典《奇蹟課程》的輔讀書籍。（全書110頁）

《無條件的愛》

　　作者保羅‧費里尼繼《寬恕十二招》之後，另以老莊的散文筆法，細細描述我們每一個人心中都擁有的「無條件的愛」。他由大我的心境出發，以第一人稱的對話方式，直接與讀者進行心與心的交流，喚醒我們心中沉睡已久的愛，開啟那已被遺忘的智慧。此書充滿了「醒人」的能量，是陪伴你走過人生挑戰的最好伙伴。（全書215頁）

《告別娑婆》

　　宇宙從哪兒來的？目的何在？我究竟是什麼？為什麼會在這裡？我要往哪裡去？我該怎麼活在這個世界裡？當你讀完本書，會有一種「千年暗室，一燈即亮」的領悟。

　　全書以睿智而風趣的對話談當今世局、原子彈爆炸，一直說到真愛、疾病、電視新聞、性問題與股價指數等等，讓我們對複雜詭異的人生百態，頓時生出「原來如此」的會心一笑。它說的雖全是真理，讀起來卻像讀小說一樣精彩有趣，難怪一問世便成了西方出版界的新寵。（全書527頁）

《一念之轉》

　　作者拜倫‧凱蒂曾受十餘年的憂鬱症所苦，一天早上，她突然覺悟了痛苦是如何形成又如何結束的。由此經驗中，她發明了四句問話的「轉念作業」（The Work），引導你由作繭自縛中徹底脫身，是一本足以扭轉你人生的好書。（全書448頁，附贈轉念作業個案VCD）

《斷輪迴》　阿頓與白莎回來了！

　　繼《告別娑婆》走紅之後，葛瑞的生活形態發生重大的轉變，也面臨了更多的挑戰。葛瑞仍是口無遮攔地談八卦、論是非、臧否名流，阿頓和白莎兩位上師在笑談棒喝中，繼續指點葛瑞如何在現實挑戰下發揮真寬恕的化解（undo）功能，徹底瓦解我執，切斷輪迴之根。（全書304頁）

《人生畢業禮》

　　本書是保羅與Raj在1991年的對話記錄。對話日期雖有先後，內涵卻處處玄機，不論由哪一篇起讀，都會將你導入人類意識覺醒的洪流。

　　Raj借用保羅的處境，提醒所有在人間孤軍奮鬥的人，唯有放下自己打造的防衛措施，才可能在自己的心靈內找到那位愛的導師。也唯有從這個核心出發，我們才會與所有弟兄相通，悟出我們其實是一個生命。（全書288頁）

《療癒之鄉》

　　《療癒之鄉》中文版由美國「獅子心基金會」委託台灣「奇蹟資訊中心」出版。

作者羅賓・葛薩姜把《奇蹟課程》深奧又慈悲的教誨化為一套具體的情緒啟蒙和心靈復健課程，協助犯罪和毒癮的獄友破除心理障礙，學習處理人與人之間的衝突，調整情緒，建立自信，切斷「憤怒→攻擊→憤怒」的惡性循環。療癒之鄉陪伴無數受刑人度過獄中歲月。

《療癒之鄉》也是為所有困在自己心牢裡的讀者而寫的。世間幾乎沒有一人不曾經歷童年的創傷、外境的壓迫，以及為了生存而形成種種不健康的自衛模式。獄友的心路歷程給予我們極大的啟發，鼓舞我們步上心靈療癒之路。（全書 440 頁）

《我要活下去》

這本書不只是一本鼓舞信心的療癒指南，還是一個女人把自己從鬼門關前拉回來的真實故事。

作者朱蒂・艾倫博士（Judy Edwards Allen, Ph.D.）原本是成功的專業顧問、大學教授、大學教科書作者，四十歲那年獲知罹患乳癌的「噩耗」，反而成為她生命的轉捩點，以清晰、熱情的文筆，記錄了她奮力將原始的求生意念成功地轉化為「康復五部曲」的歷程。讀者會看到她如何軟硬兼施地與醫生打交道，如何背水一戰克服無助感，又如何透過寬恕，喚醒內心沉睡已久的愛與生命力。最後，她終於超越自己對生死的執著，在這一場疾病與療癒的拔河大賽中，獲得了靈性的凱旋。（全書 280 頁）

《時間大幻劇》

人們對於時間，存在著種種截然不同的看法，比如：時間是良藥，可以癒合一切創傷；善惡終有報，只等時候到；時間是無情的殺手，終將剝奪我們的一切……人類早已視時間的存在為天經地義，戰戰兢兢地活在過去的懊悔、現在的焦慮和對未來的恐懼中。我們好似活在一座無形的牢籠裡，苟延殘喘，等待大限的到來。

《奇蹟課程》的泰斗肯恩博士曾說：「不了解時間，不可能讀懂《奇蹟課程》的。」他引經據典，將散落全書有關時間的解說，梳理出一個完整的思想座標，猶如點睛之龍，又如劃破文字叢林的一道靈光，讓我們一窺《奇蹟課程》的究竟堂奧（究竟義）。此書可說是肯恩留給奇蹟資深學員最珍貴的禮物。（全書 413 頁）

《奇蹟課程誕生》

《奇蹟課程》的來歷究竟有何玄虛？為什麼它選擇經由海倫・舒曼博士來到人間？它的記錄方式及成書過程，與它傳給人類的訊息有何內在關係？有幸親炙此書的我們，又該如何延續奇蹟精神的傳承？

不論你只是好奇《奇蹟課程》的精采傳奇，還是有心以「史」為鑒，窮究奇蹟的傳承精神，本書都提供了最可靠的第一手資料。作者因與茱麗、海倫與比爾等人交往密切，故受這些開山元老之託，冷靜而客觀地梳理《奇蹟課程》的記錄及成書經過，佐以三位奇蹟元老的親筆自白，融鑄成一部信實可徵的《奇蹟課程》誕生史，帶領讀者重新走過五十年前那段精采神奇的心靈歷程。（全書 195 頁）

《飛越死亡的夢境》

本書榮獲美國出版界著名的「活在當下書籍獎」（Living Now Book Awards），全書以嶄新的視角詮釋曠世靈修經典《奇蹟課程》的教誨，為讀者剴切指出「起死回生」的著力點。

作者特別選取在人間每個角落不時作祟的「死亡陰影」入手，揭露小我抵制永恆生命的伎倆。作者以親身的經歷為奇蹟作證，並且提供了極其實用的反省練習，解除我們潛意識中對死亡的恐懼，為百害不侵的生命本質開啟了一扇門，真愛與喜悅得以流過人間，讓奇蹟成為日常生活裡「最自然的事」。（全書 524 頁）

國家圖書館出版品預行編目資料

逃避真愛：跨越自我解離的心牆／肯尼斯·霍布尼
克博士（Kenneth Wapnick）著；若水譯 -- 初版 -- 桃
園市：奇蹟資訊中心，奇蹟課程，民 104.06
　　面；　　　公分
　　譯自：Ending Our Escape from Love: From
　　Dissociation to Acceptance of A Course in
　　Miracles

　ISBN 978-986-88467-6-0（平裝）

　1. 靈修

192.1　　　　　　　　　　　　　　　104010582

感謝美國F.M.T.女士贊助「肯恩實修系列」之出版

逃避眞愛—跨越自我解離的心牆

Ending Our Escape from Love
From Dissociation to Acceptance of A Course in Miracles

作　　者：肯尼斯·霍布尼克博士（Kenneth Wapnick, Ph.D.）
譯　　者：若　水
責任編輯：李安生
校　　對：阮靖茹　李安生　黃真真　吳曼慈
封面設計：蘇荷美術
封面畫作提供：蘇荷兒童美術館·葛瑞芳
美術編輯：陳瑜安工作室
出　　版：奇蹟資訊中心·奇蹟課程有限公司
　　　　　桃園市光興里縣府路 76-1 號
聯絡電話：(04) 2536-4991
劃撥訂購：帳號 19362531　戶名　劉巧玲
網　　址：www.acimtaiwan.info
電子信箱：acimtaiwan@gmail.com

印　　刷：世和印製企業 (02) 2223-3866
經銷代理：聯合發行公司
　　　　　電話 (02) 2917-8022 # 162
　　　　　　　　(03) 212-8000 # 335

定　價：新台幣 220 元
2015 年 8 月初版
2021 年 6 月三刷

ISBN　978-986-88467-6-0